동화와 동요가
살아 숨쉬는

유치원
교실놀이
100

유치원 교실놀이 100

초판 1쇄 발행 2021년 9월 15일
초판 2쇄 발행 2022년 3월 18일

지은이 | 김연희, 양효숙, 이경미

발행인 | 최윤서
편집장 | 최형임
디자인 | 김수경
마케팅 | 최수정
펴낸 곳 | (주)교육과실천
도서문의 | 02-2264-7775
인쇄 | 031-945-6554 두성 P&L
일원화 구입처 | 031-407-6368 (주)태양서적
등록 | 2020년 2월 3일 제2020-000024호
주소 | 서울특별시 중구 창경궁로 18-1 동림비즈센터 505호
ISBN 979-11-91724-02-8 (13370)

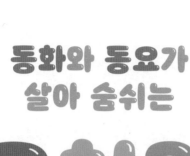

동화와 동요가
살아 숨쉬는

유치원
교실놀이
100

김연희, 양효숙, 이경미 지음

교육과실천

놀이는 아이들이 세상을 알아가는 과정, 그 자체

아이들에게 '잃어버린 놀이'를 되찾아 주고자 합니다.

유아는 놀이할 때 가장 행복합니다. 그리고 놀이는 유아의 일상생활에서 자연스럽게 나타납니다. 놀이는 유아의 성장과 발달을 이끄는 의미 있는 경험입니다. 유아는 본능적으로 놀이하고 즐기며, 놀이를 통해서 세상을 이해하고 알아갑니다. 다시 말해 놀이는 유아의 발달을 지원하고 이끄는 강력한 도구이며, 시대를 관통하는 유아교육의 본질적 가치로 이해되고 있습니다. 놀이는 한 인간으로서 존엄과 행복을 위해 영유아기에 당연히 누려야 하는 권리입니다. 그런데 언제부터인가 우리 사회는 충분히 놀지 못하는 아이들이 많아지면서, 그들에게 부여된 놀 권리와 자유를 빼앗고 있습니다. 그래서 우리는 아이들에게 놀이를 되찾아주고자 합니다. 다행히 국가수준의 유치원 교육과정에서 아이들에게 잃어버린 놀이를 찾아주고자 하는 노력이 시도 되면서, 유치원 현장에서도 변화의 조짐이 보이고 있습니다. 우리는 이러한 흐름에 적극적으로 동참하고 유아교육 현장의 변화에 앞장서서, 유아에게 놀이를 찾아주는 노력을 주도하고자 합니다. 유아교육 현장의 전문가로서 미래 사회를 짊어지고 나갈 우리 아이들이 즐겁게 놀이하면서 성장하여 행복한 어른이 될 수 있도록 아이들에게 잃어버린 놀이를 되찾아 주고자 합니다.

놀이를 통한 '배움' 의 과정을 지원하고자 합니다.

놀이는 유아들의 흥미와 관심에 따라 즉흥적으로 시도되어 소멸되기도 하고, 확장되기도 합니다. 유아들의 놀이는 시작과 끝이 정해져 있는 것이 아니라 이어지고 끊어지며, 또다시 새롭게 시도되는 연속적 과정으로 이루어지는데, 이는 유아들이 세상을 알아가는 배움의 과정과 같습니다. 이 과정을 개정누리과정에서는 놀이와 배움의 연결이라는 개념으로 소개하고 있습니다. 개정누리과정에서는 유아의 놀이를 통한 배움을 강조하고 있습니다. 유아가 놀이를 통해 경험하는 배움을 신체운동·건강영역, 의사소통영역, 사회관계영역, 예술경험영역, 자연탐구영역의 5개 영역, 총 59개의 내용과 연결하여 설명하고 있습니다. 본서에서 제시하는 100개의 놀이를 통해 유아는 개정누리과정 5개 영역의 내용을 통합적으로 경험하며 배움의 과정을 놀이로 체험하게 될 것입니다.

교사의 놀이지원 사례를 '공유' 하고 함께 고민하고자 합니다.

놀이의 의미와 가치를 발견하고, 놀이를 지원하는 방향과 내용을 결정하는 것은 매우 중요한 교사의 역할입니다. 교사는 유아의 생각을 탐구하고 그들의 흥미와 관심이 배움으로 확장되는 과정에 대해 끊임없이 귀 기울이고 관찰해야 합니다. 놀이의 흐름, 유아의 요구와 필요 등을 민감하게 살펴보며 놀이 속 의미를 읽고, 놀이를 통한 배움을 지원해야 합니다. 이 책에서 제시하는 100개의 놀이를 통한 배움의 경험과, 놀이 실행 및 확장을 위한 교사의 지원 과정은 유아주도의 발현적 놀이과정에서 활발하게 이루어질 수 있었습니다. 그리고 이러한 놀이 실행 및 놀이지원 과정을 통하여 유아뿐만 아니라 교사의 배움과 성장도 함께 이루어질 수 있음을 실천적 경험을 통해 알게 되었습니다. 이 책을 통해 이러한 우리의 실천적 경험을 현장의 교사들과 함께 공유하기를 바랍니다.

이 책의 내용을 이렇게 구성하였습니다.

이 책은 놀이 이론 이해하기, 놀이 실행하기의 2부로 나누어 집필하였습니다. 제1부는 현장의 교사들이 한 번쯤 생각해보고 놀이의 가치를 정립해볼 수 있는 기초이론의 내용으로 유아의 전인적 발달을 지원하는 놀이, 미래시대의 역량을 갖추기 위한 도구로서의 놀이, 놀이의 본질에 따른 놀이의 힘, 놀이와 배움의 연결, 교사의 고민과 놀이지원의 내용을 다루었습니다. 제2부는 개정누리과정의 유아중심·놀이중심 교육과정을 기반으로 실제 유치원 현장에서 놀이할 수 있는 감감표현놀이, 상상역할놀이, 열린 창의놀이, 신체놀이, 자연놀이 등 5개 영역의 놀이 100개를 선정, 개발하여 제시하였습니다. 또한 놀이를 지원하기 위해 100개의 동화와 100곡의 동요를 저자들이 창작하여 콘텐츠로 개발하였습니다. 교육 현장의 교사들에게 실제적 도움이 될 수 있도록 "100개의 놀이"를 유아교육기관에서 저자들이 직접 적용한 사례를 제시하였습니다. 특히, 놀이지원활동으로 개발한 '동화 100개', '동요 100곡'은 영상콘텐츠로 개발하여 QR코드를 통해 영상 배경의 구연동화와 동요 콘텐츠를 교실에서 직접 경험할 수 있도록 제작하여 현장에서의 활용도를 높이고자 하였습니다.

이 책이 유아교육 현장에서 이렇게 쓰이기를 바랍니다.

첫째, 본서에서 제시하는 다양한 놀이사례들이 개정누리과정의 유아중심·놀이중심 교육과정을 운영하는 현장에서 활용됨으로써 유아교육 현장의 놀이콘텐츠가 풍부해지고 유아놀이가 활성화 되는데 기여하기를 바랍니다.

둘째, 놀이중심 교육과정을 운영함에 있어서 놀이지원활동 콘텐츠 부족으로 어려움을 겪는 교실 현장에 놀이, 동화, 동요 콘텐츠를 지원함으로써 교사들에게 실질적 도움이 되었으면 합니다.

셋째, 본서에서 제시한 유아주도의 놀이흐름 사례와 놀이를 발전, 확장시키기 위한 교사의 놀이지원 사례가 현장 교사의 놀이지원 역량을 기르는데 도움이 되기를 바랍니다.

감사의 마음을 전합니다.

저자들은 교육현장에서의 실천적 경험을 바탕으로 유아 발달에 적합한 놀이를 개발(창작)하며 좋은 책을 만들기 위해 노력하지만, 언제나 부족하다는 것을 느낍니다. 현장에서 유아 놀이에 귀 기울이며 놀이를 지원하고, 실천하는 선생님들의 조언과 충고를 겸허히 받아들여 앞으로 더 나은 놀이 지원에 관해 연구하고, 나눌 수 있도록 노력하겠습니다.

　교육현장에서 유아중심, 놀이중심 교육과정을 실행하며 다양한 놀이의 실천 사례를 제공해준 인천검암유치원 유아들, 반디세상의 어린이들, 인천재능대학교 부속유치원의 유아들에게 특별한 감사의 마음을 전합니다. 또한 이 책이 나올 수 있도록 노력을 아끼지 않으신 교육과 실천의 최윤서 대표님, 출판부서 담당자 분에게 깊은 감사의 마음을 전합니다.

차 례

제2장 상상역할놀이

제3장 열린 창의놀이

제4장 신체놀이

제5장 자연놀이

제1부

놀이 이해하기

제1장

놀이, 유아 성장의 무한 공간

유아의 놀 권리

유아에게 놀이는 삶 자체이자 세상을 이해하고 알아가는 수단이다. 유아는 놀이를 하면서 세상과 소통하고 자신의 경험을 재구성하며 성장해간다. 놀이는 유아가 행복한 어른으로 성장하기 위해 하나의 인격체로서 당연하게 누리고 즐겨야 하는 권리인 것이다. 유엔아동권리협약 제31조는 "모든 어린이는 자신의 연령과 발달에 적합한 놀이와 여가를 즐길 권리가 있다"고 명시하고 있다.

그러나 세상의 모든 유아들이 그들의 고유 권리인 놀 권리를 누리는 것은 아니다. 어떤 지역의 유아들은 계속된 가뭄으로 인한 기아와 방임으로 놀 권리를 제대로 제공받지 못하는 경우가 있고, 자발적인 놀이와 휴식의 권리 대신 노동력으로 착취되어 놀 권리

유엔
아동권리협약
제 21조

"모든 어린이는
자신의 연령과 발달에 적합한
놀이와 여가를 즐길
권리가 있다."

를 제한당하는 경우도 있다. 이와는 대조적으로 '조기교육'이라는 미명 아래 유아의 놀이 시간이 과도한 인지교육 같은 학습 시간으로 대체되어 놀이를 잃어버리게 되는 경우도 있다. 현실적으로 미세먼지, 안전 문제 등 여러 가지 이유로 유아들이 밖에서 마음껏 놀이하는 데 제약이 많은 것도 사실이다.

하지만 유아기는 놀이를 통해 세상을 알아가고 놀이를 통해 발달의 기초가 형성되는 중요한 시기이므로 유아들이 과도한 학습으로부터 벗어나 충분히 놀이할 수 있는 환경을 마련해줄 필요가 있다. 다행히 아이들에게 잃어버린 놀이를 찾아주고자 하는 노력이 그 변화를 주도하고 있다. 2020년부터 시행된 유치원 교육과정에 유아중심, 놀이중심 교육과정이 도입되었다. 유아의 놀 권리를 찾아주고자 하는 교육 방향이 제시되면서 유아교육 현장에서도 유아들의 놀 권리를 회복하고자 하는 움직임이 진행되고 있다.

놀이, 어린이의 전인적 발달을 지원하다

유아기는 신체, 언어, 사회, 예술, 탐구 등 인간 발달의 모든 영역에서 발달의 기초가 형성되는 시기이다. 유아교육은 발달의 기초가 형성되는 (만3세부터 취학 전까지의) 유아기에 유아교육 전문가들에 의한 유아 발달에 적합한 수준별 교육을 말한다.

<놀이, 세상과 소통의 도구>

놀이는 유아의 발달과 성장을 이끄는 의미 있는 경험이다. 유아는 놀이를 통해 세상과 상호작용하며 새로운 지식을 체득(體得)하고 성장한다. 따라서 놀이는 유아의 발달을 지원하고 이끄는 강력한 도구이며, 놀이를 통한 교육은 20세기 이후 유아교육의 가장 중요하고 본질적인 가치로 이해되어왔다.

유아는 놀이를 하면서 신체를 자유롭게 움직여 에너지를 발산하며 신체발달을 도모한다. 또한 친구들과 어울려 놀며 의사소통을 하는 과정에서 언어적 발달을 격려한다. 유아들은 놀이를 통해 작은 공동체를 형성하여, 사회성, 협력, 소통과 합의, 타인에 대한 배려 등을 배우며 다양한 정서적 경험을 하게 된다. 유아에게 놀이는 사고(思考)와 문제해결에 이르는 과정이다. 그들은 놀이과정에서 부딪히는 문제들을 주도적으로 해결하는 경험을 통해 문제해결력을 기르게 된다. 놀이는 유아들의 생활 그 자체이므로 자연스럽게 놀이를 하면서 탐색하고 실험하며, 사물에 대해 배우고 이해하게 된다. 이와 같이 유아는 또래와의 놀이를 통해 신체적, 언어적, 사회적, 인지적, 정서적으로 다양한 경험을 하며 성장한다. 즉 놀이를 통한 경험이 전인발달의 기초를 형성하게 되는 것이다.

유아기 놀이의 교육적 가치에 대하여 선행연구에서 제시한 여러 학자들의 의견을 살펴보면 다음과 같다.

창의성, 언어, 인지, 사회성, 과학적 탐구능력, 문제해결능력

기능 놀이	구성 놀이	상징 놀이	사회 극놀이	규칙있는 게임
신체움직임의 기능적 즐거움	놀잇감, 도구를 활용한 놀이	가상놀이, 역할놀이, 가작화요소 포함	두 명 이상, 언어적 상호작용, 상징놀이의 발전된 형태	정해진 규칙, 이해, 감정과 행동 조절, 사회적 기술 습득

<놀이, 전인적 발달을 이끌다>

- 프로이드(Freud) : 유아는 놀이를 통해 희망을 성취하고 기쁨을 느껴 긍정적인 정서를 유발하며 불안, 긴장감, 공격 욕구 등 부정적인 감정을 해소한다. 정서적 치유에 효과가 있다.
- 스턴(Stern) : 유아는 놀이를 통해 다른 사람들을 이해할 수 있고, 자신의 감정을 공유한다는 것을 배우게 되면 동조가 일어난다.
- 피아제(Piaget) : 유아는 놀이를 통해 자신의 욕구와 부합하는 외부 세상에 동화되고 조절·재적응하는 과정을 거치면서 자신의 관점과 이해를 넓혀 간다.
- 비고츠키(Vygotsky) : 근접발달지대(Zone of Proximal Development : ZDP)의 개념을 소개하면서 유아는 성인이나 자신보다 유능한 또래와의 놀이를 통해 언어적 상호작용과 사회적 기술을 발달시킨다.
- 브루너(Bruner) : 유아가 자유로운 놀이 상황에서 다양한 방법으로 새롭고 특이하게 실험하고 활동함으로써 사고의 융통성을 고무시킨다.

제2장

미래시대와 놀이

미래시대의 핵심역량

현대사회는 하루가 다르게 변화하고 있다. 4차 산업혁명은 우리의 삶에서 많은 변화를 이끌어내었고, 그 속도는 상상 이상으로 빠르고 강하다. 빅데이터, 사물인터넷(IoT), 인공지능(AI)을 기반으로 사람과 사물, 공간이 하나로 연결되는 초지능, 초연결 사회는 우리가 지금까지 경험하지 못한 세상을 보여줄 것이다.

우리의 미래를 이끌어갈 유아들이 살아갈 앞으로의 세상은 인공지능이 인간을 대신

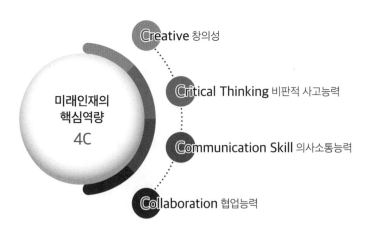

해서 많은 일들을 대체하게 될 것이고, 지금까지와는 매우 다른 패러다임으로 사회구성원으로서의 역할이 요구되어질 것이다. 급변하는 미래 산업사회에서는 신기술의 발달에 따라 직업 변화 및 고용의 문제로 커다란 변혁이 일어날 것이다. 인공지능이 기존의 인력을 빠르게 잠식해가는 상황에서 인공지능과의 경쟁에서 살아남을 수 있는 역량이 요구된다. 따라서 유아기부터 인공지능이 해결하지 못하는 인간 고유의 능력을 키울 수 있는 교육을 통해 핵심역량을 키워야 할 것이다.

4차 산업혁명시대의 기술 혁신이 우리 삶에 미칠 영향은 교육의 가치와 교육 환경의 변화, 그리고 그에 따른 교육방식에도 많은 변화를 가져올 것이다. P21(The Partnership for 21st Century Skills)에서는 21세기의 핵심역량으로 4C, 즉 창의성(Creativity), 비판적 사고(Critical thinking), 의사소통능력(Communication skill), 협업능력(Collaboration)을 제시하였다. 앞에서 언급한 네 가지 핵심역량은 인공지능이 결코 가질 수 없는 인간 고유의 능력이다. 이 능력은 가르치고 배우는 것이 아니라 학습자들이 경험하고 터득하는 것이다. 교실에서 정보와 미디어 활용에 능숙한 자기주도형 21세기 학습자로서의 핵심역량도 함께 키워나가야 할 것이다.

미래시대 핵심역량과 놀이

유아교육의 대표적인 특징은 바로 놀이이다. 유아들은 성인의 지시나 안내가 아닌 자신의 흥미에 따라 놀이에 몰입하며 자신의 의도대로 활동을 전개한다. 결국 놀이중심 교육은 곧 아동중심 교육이며 이는 유아기 교육에서 최고의 학습법으로 인정받고 있다. 놀이 속에는 미래 교육에서 강조되는 4C, 즉 소통(communication), 창의성(creativity), 비판적 사고(critical thinking), 협력(collaboration)의 모든 요소들이 포함되어 있다. 유아들은 놀이 과정에서 지속적으로 새로운 놀이의 내용, 형태, 규칙을 만들어내고(창의성), 놀이친구와의 협상을 하며 함께 놀이한다(소통, 협력). 또한 놀이 과정에서 자연스럽게 나타나는 놀잇감 부족, 또래 갈등의 문제 해결을 경험하기도 한다(비판적 사고). 유아들은 가장 자연스러운 삶의 형태인 놀이를 통해 4C를 경험하게 되며, 미래 사회 인재에게 요구되는 역량을 갖춰 나가게 되는 것이다.

미래시대 인재가 갖추어야 할 역량을 키우기 위한 방법으로 '놀이'가 중요시되는 만큼, 미래시대를 대비한 교육과정으로서 개정 누리과정(교육부, 2019)에서도 유아중심·놀이중심 교육과정은 강조되고 있다. 이러한 흐름은 4차 산업혁명시대에도 지속적으로 중시될 전망이다.

• **놀이와 창의성(creativity)**

유아주도의 놀이는 유아가 자발적으로 목적 없이, 결과물에 대한 부담 없이 하고 싶은 대로 놀이를 하는 것이다. 이러한 놀이에 정답은 없다. 정해진 방법도 없다. 주변에 보이는 모든 사물들이 놀잇감이 될 수 있으며, 유아들은 스스로 창조하는 놀이를 한다. 유아들은 나뭇가지 하나로도 수많은 상상을 하며 놀이를 할 수 있으며 놀이의 내용, 방법 등을 다양하게 생각해 낸다. 같은 놀잇감이라도 유아마다, 혹은 놀 때마다 그 방법이 다르게 나타나기도 한다. 놀이 안에서 유아들은 상상하며 창조하는 즐거움을 경험한다.

• **놀이와 비판적 사고(critical thinking)**

비판적 사고는 자신의 의견만 감정적으로 앞세우거나 다른 사람의 의견을 비난하는 부정적인 사고가 아니다. 다른 사람의 약점을 공격하는 단순한 행위도 아니다. 비판적 사고는 정확한 분석을 통해 정보를 완전하게 이해한 뒤 결론을 내는 판단력이다. 비판적 사고를 위해서 자신의 감정과 논리를 사용한다. 유아들은 자신이 이해한 정보가 어떻게 연결되는지 분석하고 판단하는 힘을 기르게 된다. 놀이는 유아들의 생활 그 자체이므로 자연스럽게 놀면서 탐색하고 실험한다. 또한 놀이를 통해 다양한 문제에 부딪히게 된다. 놀이는 사고의 과정이고 문제 해결의 과정이므로 놀이 과정에서 부딪히는 문제들을 주도적으로 해결하는 경험을 통해 본인이 알고 있거나 경험한 지식과 정보를 재구성하여 문제를 해결하기 위한 대안을 제시하고 문제를 해결하게 된다. 이러한 사고의 과정을 통해 유아들은 자연스럽게 문제해결력을 기르게 된다.

• **놀이와 의사소통 능력(communication skill)**

유아의 놀이를 관찰하면 놀이 안에서 많은 일들이 일어난다는 것을 알 수 있다. 유아간의 상호작용, 유아와 교사와의 상호작용, 유아와 사물간의 상호작용이 자연스럽게 일어난다. 또한 다양한 에피소드들이 만들어지면서 유아들 간에 많은 대화의 소재들이 생겨난다. 이때 유아들은 또래 친구들의 이야기를 경청하기도 하고, 상황과 맥락에 맞게 이야기를 주고받기도 한다. 또한 역할놀이에서 맡은 역할에 맞게 언어적, 비언어적 표현을 하며 '~인척', 현실과 가상 상황을 넘나들며 상위의사소통(meta communication)의 상황에서 놀이하기도 한다.

- **놀이와 협업능력(collaboration)**

유아들은 또래와 더불어 놀이를 하면서 함께 놀이하는 즐거움을 알게 된다. 놀이에서 공동의 목적을 위해 서로 협력하는 법을 배운다. 또한 놀이 과정에서 서로 생각이 다를 수 있음을 알게 되면서 자신의 감정을 조절하고, 타인의 입장을 이해하며 타협하는 방법도 터득하게 된다. 놀이 중 문제에 부딪혔을 때 아이디어를 제안하기도 하고, 친구의 의견을 존중하고 수렴하기도 하는 등 함께 놀이하기 위해 필요한 사회적 기술을 습득한다.

제3장

놀이의 힘

유아놀이의 특성

놀이는 유아의 일상생활에서 자연스럽게 나타난다. 유아는 본능적으로 놀이를 하고 즐기며. 이를 통해서 세상을 이해하고 알아간다. 자발적인 놀이는 유아들을 즐겁게 하며 놀이에 몰입하도록 한다. 또한 놀이에 어떤 목적도 두지 않고, 과정을 즐기며 그 안에서 긍정적인 감정을 경험한다. 이러한 놀이의 특성들은 유아가 주체적이고 능동적인 성인으로 자라는 데 큰 영향을 주기 때문에 유아교육에서 놀이가 강조되고 있다. 이렇듯 지금까지 여러 학자들에 의해 언급된 놀이의 특성을 아래와 같이 정리할 수 있다.

• 자발적으로 놀이를 한다

유아들은 끊임없이 놀기를 좋아하며 놀 거리를 찾는다. 놀이는 교사나 부모가 시켜서 이루어지는 것이 아니다. 본능에 의한 자연스러운 동기부여로 자발적인 놀이가 이루어진다. 이러한 자발적인 놀이는 유아들을 즐겁게 하며 놀이에 몰입하게 한다. 외적인 보상이나 경쟁에 상관없이 흥미, 호기심, 욕구 등의 내적인 동기에 의해 자발적으로 놀이를 한다.

- **놀이과정 자체를 즐긴다**

유아들의 놀이에서 꼭 달성해야 할 목표가 없다. 당연히 놀이 결과에 대한 부담도 없다. 놀이 자체에 중점을 두고, 자연스럽게 그 과정을 즐긴다. 놀이를 통해 체득하는 다양한 경험들은 자연스럽게 유아의 성장과 발달을 이끌게 된다.

- **현실과 상상을 넘나들며 놀이를 한다**

유아의 놀이에는 비사실성이 존재한다. 유아들은 현실과 가상의 세계를 오가면서 놀이를 한다. 이러한 놀이에는 '마치 ~인 것처럼(as-if)' 하는 가작화(假作化) 요소가 있어서 실제 자신이 아닌 것처럼, 실제 사물이 아닌 것처럼 비사실적 행동이나 상징적 행동을 하며 놀이를 한다. 이러한 놀이의 비사실성은 영·유아기에 볼 수 있는 고유한 특성이라고 할 수 있다.

- **자율성을 바탕으로 즉흥성, 융통성을 허용한다**

유아의 놀이는 자율성을 바탕으로 놀이를 선택하고, 외부의 지시에 따르지 않고 자기 나름의 방식으로 놀이하는 외적 규칙으로부터의 자유가 허용된다. 유아들 스스로 규칙을 정하고, 언제든 바꿀 수 있다. 또한 놀이는 언제든 생성되고 바뀔 수 있는 '즉흥성'과 놀이하는 과정에서 다양한 변화를 허용하는 '융통성' 등의 특성을 가지고 있다.

- **긍정적 정서를 수반한다**

유아가 자기 주도적으로 놀이를 하다보면 즐거움이나 흥미, 성취감과 같은 감정들이 생겨나며 놀이를 통해 얻는 기쁨, 즐거움의 정서를 경험하게 된다. 또한 좋아하는 놀이에 몰입하고 에너지를 발산하면서 부정적인 정서를 해소할 수 있다. 물론 놀이 중에 문제에 부딪히기도 하고 새로운 과제에 대한 어려움이나 좌절, 갈등 등이 있을 수 있지만 새로운 아이디어나 친구들과의 협업으로 대안을 제시하고 문제를 해결하는 과정에서 만족감과 성취감을 얻게 된다.

♣ 진짜놀이와 가짜놀이

2020년 1월 EBS 신년특집 <놀이의 힘>에서는 유아의 놀이에 대한 흥미로운 실험을 시도하였다. 유아를 10명씩 두 개의 그룹으로 나누어 각각 30분 동안 '지정하여 정해진 놀이'와 '자유놀이'를 하도록 하였다. 첫 번째 그룹의 유아들에게는 '블록놀이'를 지정하여 놀이할 것을 주문하였고, 두 번째 그룹의 유아들에게는 유아들이 주도하여 자신이 하고 싶은 놀이를 선택 하도록 '자유'를 부여하였다. 30분이 지난 뒤 교사는 '지금까지 하던 놀이를 계속해도 되고, 아니면 다른 놀이를 선택해서 해도 되요'라고 말하며 추가시간 30분을 제공하였다. 그러자 블록놀이를 지정해 주었던 첫 번째 그룹 유아들은 썰물 빠지듯 모두 블록영역을 벗어나서 다른 놀이를 시작하였으나, 두 번째 그룹 유아들은 기존의 놀이를 그대로 이어서 계속 지속하였다.

이러한 결과의 차이는 유아가 주도적으로 자발적인 놀이를 선택했느냐, 그렇지 않느냐에 있다. 유아들의 자발성과 주도성이 놀이의 지속성과 가치를 결정한 셈이다. 즉 유아들에게 '유아 스스로 선택한 놀이'가 진짜놀이이고 '교사가 대신 선택해준 놀이'는 가짜 놀이인 셈이다. 두 번째 그룹의 유아들은 본인의 자유 의지로 놀이를 선택하였으며, 놀이과정에서 다양한 의사소통을 하며 놀이를 새롭게 만들고 규칙을 세워서 오랜 시간 동안 놀이에 몰입하는 모습을 보여주었다. 위의 실험은 놀이에서의 유아의 자발성, 주도성이 얼마나 중요한지 잘 보여주는 실험이었다.

- EBS 신년특집 <놀이의 힘> 2부 '진짜놀이 가짜놀이'

https://www.ebs.co.kr/tv/show?prodId=6785&lectId=20006232

놀이의 본질을 찾자

놀이하는 유아들의 모습을 관찰해보면, 놀이 잘하는 유아들은 놀이에 빠져 시간이 어떻게 흘러가는지, 주변상황에 대해 전혀 의식하지 못하고 놀이에 집중한다. 관심 있는 일에 완전히 몰두하고 있는 정신적, 신체적 상태를 '몰입'이라고 한다. 놀이를 즐기는 유아들은 자유놀이 시간을 마치는 것을 아쉬워하고, 놀이를 계속하고 싶어 한다. 외적

보상이나 성과와 상관없이 유아들은 놀이 과정을 즐기는 것이다.

유아에게 놀이란 자유롭게 선택하여 자발적으로 참여하는 활동으로서, 놀이 자체를 목적으로 즐거움을 수반하는 유아들의 삶의 일부이자 세상에 대한 탐색과 배움의 도구이다. 따라서 놀이가 인지, 언어, 사회, 신체, 정서 등의 발달을 위한 수단이 아니라 놀이 자체가 목적이 되어 유아가 주도적으로 놀이할 수 있도록 해야 한다. 그렇게 하기 위해서는 유아들이 자발적으로, 목적 없이, 결과물에 대한 부담 없이, 자기가 하고 싶은 대로 놀이를 하도록 해야 한다. 그렇게 하는 것이 놀이의 본질을 찾아주는 것이다.

2019년 개정 고시된 누리과정의 놀이 이해자료에서는 유아놀이 경험의 의미와 특성을 자유로움, 주도성, 즐거움으로 제시하고 아래와 같이 정리하였다(교육부, 2019).

- **놀이는 자유롭다**

놀이에서의 자유는 계획된 목적으로부터의 자유, 미리 결정된 규칙으로부터의 자유, 사실로부터의 자유, 시간과 공간의 제약으로부터의 자유를 포함한다. 또한 유아가 놀이하는 흐름을 읽고 따라가야 놀이의 특성이 나타난다.

놀이는 자유롭다

- **놀이는 주도적이다**

놀이에서 주동성은 유아의 자발성, 능동성, 내재적 동기, 즉흥적 전개와 같은 특성과 관련되어 있다. 유아는 놀이하면서 신체적, 사회적, 인지적으로 능동적이며 자발적인 참여를 끊임없이 이어간다. 이러한 자발성은 유아의 내부에서 일어나는 일어난 욕구와 동기가 무엇보다 중요한 원동력이 된다.

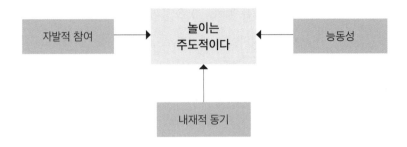

- **놀이는 즐겁다**

놀이에서는 재미와 기쁨, 몰입, 마주침, 감정의 해소, 심미성, 유머 등의 정신적, 정서적 상태를 수반하는 즐거움이 있다. 유아는 또래, 교사와 함께 협력하면서 재미와 기쁨을 느끼고 표현한다. 때로는 재미와 기쁨이라는 정서를 넘어 몰입의 상태로 들어가기도 한다. 유아는 놀이를 반복하고 변화를 발견하는 재미때문에 지속하기도 한다.

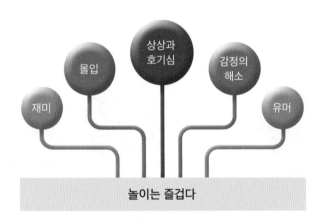

놀이는 즐겁다

유아에게 주도권을 주자

놀이는 놀이자체와 구별되는 결과를 달성하려는 목적보다 놀이 그 자체가 주는 즐거움이 중요하다. 그러나 지금까지 유아교육기관에서 이루어지는 놀이는 유아의 자발성, 주도성에 의한 놀이보다는 계획되고 선택되어진 놀이가 유아들의 의지와 상관없이 제한적으로 이루어졌다. 이는 계획된 놀이, 지시된 놀이, 안내된 놀이, 심지어는 놀이기반

학습이라고 할 수 있다. 즉 놀이주제, 놀이인원, 놀이시간, 놀이장소, 놀잇감, 놀이방법 등이 교사의 계획에 의해 선택 되어 유아에게 안내되었으며, 놀이의 전 과정에서 유아의 의사결정 과정은 보이지 않았다.

유아들에게 진정한 의미의 놀이를 찾아주는 것은 놀이의 본질에 충실하게 놀이하도록 하는 것이다. 놀이에 대한 목적이나 결과물에 대한 부담 없이 유아들이 내적인 자유의지대로 마음껏 놀 수 있도록 하는 것이다. 유아의 안전과 다른 사람의 놀이를 방해하지 않는 범위 내에서 놀이 시간, 장소, 공간, 놀잇감 등에 대한 제한을 두지 않고 놀이방법도 유아들에게 주도권을 주는 유아중심의 놀이가 될 수 있도록 지원해야 할 것이다. 교사는 유아 주도 놀이의 흐름을 잘 관찰하여 놀이가 잘 지속되고 확장될 수 있도록 지원하고 격려하는 일을 해야 할 것이다.

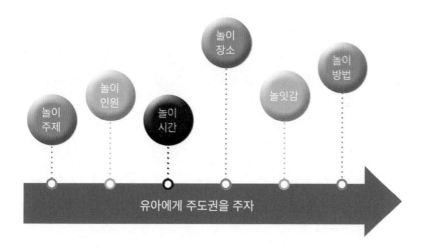

놀이의 힘을 믿다

우리는 어릴 적 놀이에 대한 추억을 가지고 있다. 골목길, 운동장, 놀이터 등에서 친구들과 함께 놀이했던 경험을 가지고 있을 것이다. 놀이에 대한 추억을 떠올리면 나도 모르게 웃음짓게 되며 행복했던 기억으로 떠올리게 된다. 이것이 놀이의 힘인 것이다.

• 놀이는 몸과 마음이 건강하고 행복한 어린이를 만든다.

- 놀이하는 유아는 어떠한 과제에도 성취동기가 높으며 놀이 하듯이 재미있게 성취한다.
- 놀이를 좋아하는 유아는 과제에 대해 두려움이 없고 어려운 문제에 직면했을 때 건강하게 해결한다.
- 놀이하는 유아는 정서적으로 안정되고 사회적 유능성을 보인다.
- 놀이는 다양한 경험을 통해 유아가 상상력과 창의력을 기를 수 있도록 한다.
- 유아는 유능하고 놀이를 통해 배운다. 유아는 일상에서 자연스럽게 놀이를 하며 세상을 경험하고 놀이를 주도하며 스스로 배운다.

놀이를 통한 즐거운 경험으로 몸과 마음이 건강하게 성장하고, 놀이를 통한 다양한 경험으로 즐거움과 기쁨을 얻으며 에너지를 발산함으로써 정서적으로 안정되고 건강한 정신과 신체를 키울 수 있다. 잘 노는 어린이는 몸과 마음이 건강한 행복한 어린이이다. 따라서 놀이하는 유아는 건강한 몸과 마음을 가지고 행복한 어린이로 성장하며, 어른이 되어서도 건강한 사회의 구성원으로서 개인의 삶도 행복하게 영위해갈 수 있는 능력을 가지게 된다.

제4장

놀이와 배움의 연결

유아가 중심이 되고, 놀이가 살아나는 교육과정

2019년 개정 고시되어 2020학년도부터 적용되고 있는 누리과정은 급변하는 시대의 패러다임을 반영하여 유아교육의 새로운 방향을 제시하였다. 개정 누리과정은 미래시대에 부응하고, 준비하는 교육과정이다.

누리과정보다 앞서 개정된 초등학생들을 위한 '2015 개정 교육과정'은 학생 개개인의 역량을 강조한다. 기존의 많이 아는 '지식' 중심에서 실제로 잘 할 수 있는 능력인 '역량'을 강조하여 교과지식을 줄이고 학생들의 경험을 중요시하며, 즐겁게 배우는 교수학습을 지원한다. 국가수준 교육과정의 새로운 방향으로 제시된 미래시대를 준비하고 미래에 부응하는 교육과정의 개정 취지가 유치원 교육과정인 누리과정 개정에도 반영되었으며 유아·놀이중심 교육과정으로 구성되었다. 즉 유아가 중심이 되고 놀이가 살아나는 교육과정이 미래시대를 준비하는 개정 누리과정의 핵심내용인 것이다.

개정 누리과정은 '유아는 유능하고 놀이를 하며 배운다'는 핵심 개념을 기본으로 기존의 교사가 주도하는 교육과정에서 유아가 주도하는 놀이중심 교육과정으로 구성하였다. 유아중심·놀이중심 교육의 핵심내용을 정리하면 다음과 같다.

• 놀이가 충분히 이루어지도록 편성·운영

유아교육기관에서는 하루일과를 유아가 주도하는 놀이를 중심으로 편성·운영하도록 한다. 놀이는 바깥놀이를 포함하여 두 시간 이상 충분히 긴 시간으로 편성·운영하여 놀이의 흐름이 끊기지 않고 유아가 충분히 놀이하고 몰입할 수 있도록 한다.

• 현장 자율성 강화, 사전계획의 최소화

개정된 누리과정에서는 국가지침이 최소화 되고 현장의 자율적 운영이 강조되었다. 각 기관의 교육철학, 가정과 지역사회의 특성, 유아의 요구 등을 반영하여 자율적으로 유아의 놀이를 지원하는 계획을 한다. 교사의 사전 계획은 최소화하고 유아가 실제 놀이한 내용을 중심으로 교육과정을 수립하고 운영한다.

• 놀이를 통한 배움 추구

개정된 누리과정은 유아가 놀이를 통해 경험하는 배움을 5개 영역과 연결하여 제시하고 있다. 개정 누리과정의 5개영역, 59개의 내용은 3~5세 유아가 유아교육기관에서 경험해야 할 의미 있고 가치 있는 배움의 내용으로 구성되어 있다. 개정 누리과정의 5개 영역, 59개의 내용은 교사가 가르쳐야할 내용이 아닌 유아가 즐겁게 놀이하면서 배우는 내용이다.

• 놀이를 지원하는 일과 운영

유아교육기관에서는 유아의 요구와 놀이의 흐름에 의한 하루 일과를 구성하도록 한다. 하루 일과는 유아가 주도하는 놀이를 중심으로 하여 놀이를 지원하는 활동, 일상생활로 운영한다. 놀이는 유아들에게 발현되는 놀이, 평상시에 즐겨하는 놀이 등으로 놀이시간을 2시간 이상 충분히 제공한다. 놀이지원활동은 현재 유아들이 관심을 가지고 시도 하거나, 진행하는 놀이를 더욱 발전시키고 활성화 될 수 있도록 지원하는 활동으로 이야기나누기, 동화, 음악, 미술, 게임 등을 대집단 또는 소집단 활동으로 실시한다. 일상생활은 등·하원, 화장실 다녀오기, 간식 및 중식, 낮잠 및 휴식 등을 유아의 심리적, 신체적 리듬을 반영하여 운영한다.

- **다양한 놀이를 시도하고 경험할 수 있는 실내·외 환경 구성**

  실내·외 놀이 환경은 유아의 흥미와 관심, 요구에 따라 다양하고 안전한 놀이환경을 구성하되, 놀이의 전개 상황, 유아의 흥미와 관심, 요구에 따라 놀이 공간, 놀잇감 제공 등을 확대하거나 축소할 수 있다. 또한 기존의 놀잇감 이외에 비구조적인 열린 자료 등 다양하고 풍부한 놀이자료를 제공하여 유아들이 자신만의 방식을 활용하여 놀이를 할 수 있도록 지원한다.

<유아의 놀이경험과 5개 영역에서의 배움>

놀이와 배움의 연결

개정 누리과정에서는 유아의 놀이를 통한 배움을 강조하고 있다. 놀이는 시작과 끝이 정해져 있는 것이 아니라 이어지고 끊어지며 새롭게 생성되어가는 연속적 과정이며 이는 곧 배움과 과정과 같다(교육부, 보건복지부 2019). 특히 개정된 누리과정에는 유아가 놀이를 통해 경험하는 배움을 5개 영역의 내용과 통합적으로 연결하여 설명하고 있다. 놀이를 통해 경험하고 배우는 내용은 신체운동·건강영역, 의사소통영역, 사회관계영역, 예술경험영역, 자연탐구영역의 총 59개의 내용으로 구성되어있다.

앞의 그림에서 유아들은 모래놀이를 하며 5개 영역을 통합적으로 경험한다. 유아들은 모래·물놀이를 하며 신체의 움직임을 조절하고, 친구들과 대화를 하며 자신의 경험, 생각, 느낌을 이야기하고 친구들과 의견을 나누기도 한다. 이 과정에서 친구의 다른 생각, 감정을 존중하는 방법을 배우고, 놀이에서의 공동의 목적을 위해 협력하기도 한다. 또한 놀잇감의 다양한 색깔이나 모양에 대한 감각이나 느낌을 표현하기도 하고, 모래와 물을 섞으면 나타나는 물질의 변화에 대해 관심을 가지고 탐구하며 모래, 물을 나르며 무게를 측정해볼 수 있다. 이와 같이 유아는 물·모래 놀이를 통해 5개 영역의 내용을 자연스럽게 통합적으로 경험할 수 있으며, 이러한 놀이의 과정에서 다양한 배움이 자연스럽게 일어난다.

위의 모래놀이 경험을 5개 영역과 연계하여 놀이와 배움을 연결한 기록의 사례이다.

유아의 경험 (영역별 59개 항목)	신체운동 · 건강	신체활동 즐기기 > 신체 움직임을 조절한다. • 모래놀이를 위해 모래와 물을 나르며 신체를 움직이고 힘을 조절함
	의사소통	듣기와 말하기 > 자신의 경험, 느낌, 생각을 말한다. • 모래놀이의 느낌, 무게 등 자신의 생각을 이야기함 듣기와 말하기 > 상대방이 하는 이야기를 듣고 관련해서 말한다. • 친구의 제안에 함께 협력하고 동의하는 이야기를 함
	사회관계	더불어 생활하기 > 서로 다른 감정, 생각. 행동을 존중한다. • 친구의 아이디어와 생각을 존중함 더불어 생활하기 > 친구와 서로 도우며 사이좋게 지낸다. • 친구와 함께 서로 협력하여 모래와 물을 나름
	예술경험	아름다움 찾아보기 > 예술적 요소에 관심을 갖고 찾아본다. • 모래놀이 도구의 다양한 색감에 관심을 보임
	자연탐구	생활 속에서 탐구하기 > 물체의 특성과 변화를 여러 가지 방법으로 탐색한다. • 모래와 물을 섞으면 나타나는 변화에 관심을 보임

제5장

교사의 고민과 놀이지원

놀이지원 전문가로서 교사의 고민

교사는 영유아의 놀이를 통한 배움을 최대한 지원해야 한다. 적절한 놀이지원을 위해서 교사의 놀이관찰을 통한 놀이지원 전문가로서의 교육적 판단이 중요하다. 유아의 놀이는 예측하기 어렵고 유아의 관심과 흥미에 따라 놀이 상황이 다양하게 변화하기 때문이다. 이런 이유로 교사는 놀이지원의 수준, 형태, 방법에 대해 끊임없는 고민을 하게 된다. 어떠한 놀잇감을 제공할 것인가, 놀이시간을 어느 정도 편성할 것인가, 놀이장소는 어디까지 확장할 것인가, 놀이를 확대시킬 것인가, 중지시킬 것인가, 놀이의 활성화 정

<교사들의 고민>

도는 어떻게 판단할 것인가 등 끊임없는 선택과 결정의 문제에 직면하게 된다. 이에 대하여 교사는 유아의 관심과 반응, 놀이의 진행 상황, 놀이지원의 범위나 조건 등을 종합하여 교육적으로 판단해야 한다.

유아중심 놀이중심 교육과정에서 교사의 역할은 축소되는 것이 아니고 교사의 전문적 역할이 강조되어 더 높은 전문성이 요구된다. 동일 연령의 학급이라도 놀이하는 유아에 따라 놀이에 대한 사전경험, 흥미와 관심사, 놀이 의도, 접근, 전개과정이 다르며 교사는 각각의 상황에 적절한 놀이지원을 해야 하기 때문이다. 각 학급에서 이루어지는 놀이에 대한 전문적 판단, 지원, 평가가 교사에 의해 이루어지기 때문에 교사는 각 학습 수준의 교육과정 운영의 개발자이자 운영자이자 평가자의 역할을 하는 것이다.

발현적 놀이를 격려하는 교사

놀이의 본질은 유아들이 자발적으로, 목적 없이, 원하는 방법으로, 결과물에 대한 부담 없이 유아가 하고 싶은 대로 놀이하는 것이다. 이러한 놀이는 사전 계획이나 목적 없이 유아의 흥미와 관심에 따라 유아 주도로 '즉흥적'으로 이루어지는 경우가 많다. 따라서 교사는 놀이의 과정 자체에 중점을 두고 끊임없이 관심을 유지하며 관찰해야 한다. 어떠한 상황에서 놀이가 발현적으로 시작되었는지, 이 때 유아들의 주된 흥미와 관심이 무엇인지, 유아들이 놀이에서 특히 재미있게 느끼는 것을 무엇인지, 놀이의 흐름과 방향에 관심을 가지고 유아들의 이야기에 귀 기울일 필요가 있다.

• 유아에게 귀 기울이기

교사가 유아놀이의 의미를 안다는 것은 유아가 놀이를 통해서 무엇을 경험하고, 그 과정에서 어떻게 배우며 놀이를 만들어 가는지 이해하는 것이다. 그렇게 하기 위해서 유아의 흥미와 관심사에 관심을 가지고 유아에게 귀기울이여야 한다. 교사 놀이지원의 전제는 유아놀이에 대한 관심과 관찰이다. 놀이하는 유아들의 언어, 행동, 표정, 태도 등에 관심을 가지고 지켜보는 것은 놀이지원을 위한 교사의 교육적 판단의 근거가 된다. 교사는 유아의 생각을 탐구하고 그들의 흥미와 관심이 배움으로 확장되는 과정에 대해 끊임없는 귀 기울임과 관찰을 지속해야 한다.

• 유아의 즉흥성을 허용하기

유아들의 놀이는 사전 계획이나 목적 없이 유아의 흥미와 관심에 따라 유아 주도로 '즉흥적'으로 이루어지는 경우가 많다. 유아들의 즉흥성은 새로운 아이디어가 떠오르거나 새로운 흥미나 호기심이 생겼을 때 지체하지 않고 그 아이디어를 자유롭게 실행하거나 흥미, 호기심을 충족시키기 위한 다양한 시도를 하게 된다. 이러한 상황에서 유아들은 상상력과 창의적 생각을 적극적으로 놀이로 시도하고 즐긴다. 교사는 이러한 유아들의 즉흥성을 이해하고 유아들이 즉흥적으로 생각하고 눈치 보지 않고 자신의 생각을 자유롭게 표현할 수 있도록 학급의 분위기를 조성해주는 것이 필요하다.

• 유아의 생각과 시간 존중하기

유아들은 기질, 양육 배경, 사전 경험 등이 각각 다르기 때문에 같은 놀이를 해도 각각의 유아가 갖는 기존의 지식과 경험, 흥미와 관심사가 다를 수 있다. 따라서 교사는 개별 유아의 생각과 경험을 존중하고 대화와 의사소통을 통해 유아들의 관심사와 놀이가 확장될 수 있도록 지원해야 한다. 또한 같은 맥락에서 유아들마다 놀이를 접하거나 지속하는 시간도 다를 수 있으므로 유아들의 생각하는 시간, 몰입하는 시간, 체험하는 시간을 존중하여 지원해줄 필요가 있다. 이렇게 유아의 생각과 시간을 존중하여 교사의 관심과 유아의 흥미를 공유하여 놀이와 배움을 공동으로 구성해 나간다면, 유아의 배움뿐만 아니라 교사의 발전도 함께 이루어지고 있음을 느낄 수 있을 것이다.

• 놀이 속 의미 읽기

놀이는 유아들의 흥미와 관심에 따라 즉흥적으로 시작되고 소멸되며 확장되기도 한다. 놀이 속에서 유아들은 다양한 에피소드를 만들고 대화를 나누면서 제안하고 타협하고 협력하는 등의 사회적 기술을 발휘한다. 또한 다양한 아이디어와 상상력을 나타내며 놀이 중에 부딪히는 문제들을 해결하기도 한다. 놀이에서 정서적 긴장, 두려움, 갈등을 해소하고, 따뜻함, 배려, 아름다움과 같은 심미성을 통합함으로써 즐거운 경험을 한다

<유아의 놀이에서 일어나는 일>

(교육부, 보건복지부 2019). 유아는 놀이를 통해 재미와 기쁨, 즐거움을 느끼며 더 나아가 몰입의 상태로 들어간다. 따라서 교사는 영유아들의 놀이 속에서 어떤 일이 일어나는 지 민감하게 관찰하고 살펴보아야 한다.

놀이를 통한 배움을 지원하는 교사

발현적 놀이는 유아가 시작하고 주도한다. 유아들이 놀이를 만들고 이어가는데, 놀이가 진행되면서 새로운 특성이 나타나고 기존의 특성에 더해지며 놀이가 활성화되고 발전되어간다. 놀이는 맥락이자 흐름이며 복합적으로 유지되고 변화되는 것이다. 그 과정에서 유아의 놀이 경험은 더욱 풍부해지면서 자유로움, 즐거움, 몰입, 상상력을 수반하며 창조적으로 놀이를 한다. 교사는 놀이 협력자, 안내자, 지원자로서 놀이 관찰을 통한 놀이지원의 방법을 모색해야 한다. 유아의 흥미와 관심, 놀이의 흐름, 놀이 환경, 안전, 자료, 기관의 상황 등을 고려하여 놀이가 확장되고 심화될 수 있도록 지원해야 한다. 교사지원에서 주의할 점을 제시하면 다음과 같다.

♣ **놀이지원 시 주의해야 할 사항**

- 교사는 발현적 놀이지원을 위해 사전계획을 최소화하며, 놀이의 흐름과 유아의 요구 및 필요에 따라 지원을 결정한다.
- 교사는 유아의 놀이가 자신이 계획한 주제나 활동과 다르게 이루어지더라도 유아의 놀이를 존중하여 계획된 일과의 내용을 변경할 수 있다.
- 교사는 유아 간 상호작용이 활발히 일어나도록 자유로운 놀이 환경을 제공해주고 주의 깊게 관찰하여 놀이의 흐름에 따라 필요한 놀이시간, 놀이자료를 제공하거나 공간을 지원해준다.
- 교사는 놀이의 흐름에 방해가 되는 요소들은 제거해가며 영유아의 흥미가 지속될 수 있도록 한다.
- 교사는 영유아의 놀이의 경험을 개정 누리과정 5개 영역의 내용과 통합적으로 연결하여 기록하고 평가한다.

유아중심·놀이중심 교육과정에서는 교육과정 운영에 대한 교사의 자율성과 책무성이 강조된다. 동일 연령의 학급일지라도 놀이에서 나타나는 유아들의 흥미와 관심이 다르기 때문에 교사는 놀이지원의 전문적 역량을 가지고 자율적으로 운영하고 지원해야 교실현장에서 놀이가 살아나고 풍부해질 수 있다. 또한 교사의 책무성 또한 중요한데, 교사의 책무성은 유아중심·놀이중심 교육과정 운영함에 있어서 놀이가 잘 이루어질 수 있도록 고민하고 지원하는 교사의 인식 및 실천을 의미한다. 책무성의 핵심내용은 유아들의 놀이과정에서의 다양한 경험을 누리과정 5개영역의 배움과 연결하여 지원하는 것이며, 놀이와 배움을 기록하고 평가하는 일이다.

유아교육기관에서 수행할 수 있는 교사놀이지원의 구체적인 방법을 정리해보면 다음과 같다.

- **관찰하기**

놀이지원을 위한 놀이 관찰은 교사의 지원 중 가장 기초가 되는 과정이다. 교사는 놀이지원을 위해서 유아들의 놀이에 대한 감정, 호기심, 흥미, 탐색의 과정을 관심을 가지고 민감하게 관찰하고 지켜보는 과정이 필요하다.

- **제안하기**

  교사는 유아들의 흥미와 의도를 잘 이해하면서 현재 진행 중인 놀이가 잘 지속될 수 있도록 놀이자료, 놀이시간, 놀이공간 등에 대해 제안할 수 있다. 교사는 놀이의 시작과 지속, 새로운 놀이로의 전이와 확장, 마무리 등 놀이의 흐름에 대한 충분한 관찰을 기반으로 제안을 해야 한다.

- **참여하기**

  교사는 유아의 놀이를 관찰하고 놀이의 흐름을 함께 공유하고 몰입하는 과정에서 유아들의 놀이에 공동놀이자로 참여할 수 있다. 이를 통해 교사는 놀이의 속성 및 맥락을 더 잘 이해하게 되고 놀이과정의 즐거움, 성취 등을 함께 공유하며 보다 효과적으로 지원할 수 있다.

- **지식공유하기**

  놀이 과정에서 유아들이 어떤 상황이나 사물에 대해 궁금해 하거나, 탐구하는 과정, 또는 문제에 부딪쳐 해결해야 하는 상황에서, 유아들이 새로운 사실을 발견하거나 알게 되었을 때 교사가 그 내용을 언어로, 문장으로 정리하여 지식을 공유하는 과정을 말한다.

- **모델링하기**

  교사는 놀이에 소극적이거나 자신 없어하는 유아들에게 놀이방법이나 행동 등에 대해 모델링 해 줄 수 있다. 특히 어린 연령의 유아들에게는 교사의 모델링이 놀이에 대한 동기부여가 될 수 있다.

- **언어적 지원**

  놀이 과정에서 유아는 교사와의 언어적 상호작용으로 놀이가 잘 지속되고 더욱 확장

교사의 놀이지원 방법

지원유형	지원내용
관찰하기	• 교사의 지원 중 가장 기초가 되는 과정 • 놀이 과정을 민감하게 관찰하고 지켜보는 과정
제안하기	• 놀이의 시작, 놀잇감, 놀이재료 등을 교사가 제안하는 경우
참여하기	• 교사가 놀이에 공동놀이자로 참여하는 경우
지식공유하기	• 새로운 사실을 발견하거나 알게 되었을 때, 교사가 그 내용을 언어로 정리하여 주는 경우
모델링하기	• 영유아들에게 놀이방법이나 행동 등에 대해 시범을 보이는 경우
언어적 지원하기	• 질문하기, 제안하기, 동의하기, 칭찬하기
정서적 지원하기	• 격려하기, 공감하기, 지지하기 • 비언어적 행동(끄덕임, 미소, 박수 등)
환경 지원하기	• 놀잇감, 동영상, 사진자료, 도서 등 제공 • 공간 제공 및 이동, 시간 제공

될 수 있다. 교사는 질문하기, 제안하기, 동의하기, 칭찬하기 등으로 놀이에 대한 비계를 설정함으로써 놀이가 활발하게 이루어질 수 있도록 지원할 수 있다.

• 정서적 지원

놀이과정에서 교사의 정서적 지원은 유아의 놀이에 대한 관심과 자신감을 높여서 놀이가 더욱 활성화될 수 있도록 돕는다. 교사의 격려, 공감, 지지 등 긍정적인 정서 지원으로 유아들은 자신들의 놀이에 대해 자부심을 가지고 더욱 놀이에 몰입할 수 있게 된다. 또한 끄덕임, 미소, 박수 등의 비언어적 행동도 유아들에게 정서적 안정감과 놀이에 대한 자신감을 갖도록 한다.

• 환경적 지원

유아놀이의 흐름에 따른 가장 직접적이고 실제적인 지원의 형태가 환경적 지원이다.

영유아의 관심과 흥미, 놀이의 흐름에 따라 놀잇감 및 동영상, 사진자료, 도서 등을 제공하여 놀이가 지속되고 확장될 수 있도록 한다. 또한 놀이의 흐름 및 영유아의 요구에 따라 놀이시간을 조정하기도 하고, 놀이를 연장하거나 확대하기 위해 공간을 이동하기도 하는 등 환경적 지원은 놀이의 진행에 있어서 교사의 끊임없는 선택과 결정을 요구하는 자율적 판단이 전제되어 이루어진다.

놀이를 기록하고 평가하는 교사

유아들의 놀이가 확장되기 위해서 교사는 유아들의 놀이 과정을 잘 관찰하고 기록하며 이를 근거로 유아의 배움을 지원하기 위한 방향을 정하는 것이 좋다. 특히 유아의 배움을 잘 기록하고 평가하기 위해서는 결과보다 놀이의 과정에 중점을 두어 관찰해야 한다. 놀이기록은 유아들의 놀이지원을 위한 실제적 기록이므로 교사 일과의 업무가 되도록 한다. 따라서 교사들에게 과도한 부담이 되지 않도록 형식이나 분량은 적절하게 정하여 기록하고 활용하도록 한다.

• 놀이지원 경험 나누기

교사는 놀이 전문가, 유아 발달 전문가로서 전문적 역량을 가지고 민감하게 놀이 관찰을 해야 한다. 그리고 관찰한 내용을 기반으로 전문적인 놀이지원이 이루어질 수 있도록 놀이지원 역량 강화를 위해 노력해야 한다. 유아의 놀이는 어떠한 방향으로 지속될지 예측하기 어렵기 때문에 미리 계획할 수 없다. 유아의 반응과 놀이의 흐름에 따른 교사의 자율적 판단으로 놀이지원이 결정되기 때문에 더욱 놀이지원에서의 전문적인 역량이 필요하다.

교사의 전문적 놀이지원 역량 강화를 위해 유아교육기관에서 동일 연령의 학급 교사나, 원장, 원감 등 다양한 형태의 공동협의체 또는 학습공동체를 구성하여 각 교사가 수행한 놀이지원의 실천적 지식과 경험을 나누고 공유하는 과정이 필요하다. 자신이 관찰하고 경험한 것을 동료 교사들과 나누며 미처 발견하지 못한 것에 대해 피드백 해주거나, 새로운 관점을 제시해 주고 그것을 확장하는 과정은 자신에 대한 반성의 기회를 갖게 하고 놀이지원 전문가로서의 전문성을 높이는 데에도 도움이 될 것이다.

- **놀이를 기록하고 평가하기**

발현적 놀이를 확장하기 위해 유아에게 제공된 교사의 놀이지원으로 유아들은 어떤 경험을 하였으며, 개정 누리과정의 5개영역의 내용과 어떻게 통합적으로 연결이 되었는지 평가하는 과정이 필요하다. 교사는 유아가 놀이하며 경험한 내용을 관찰하고, 놀이에서 나타나는 배움에 주목하여 이를 기록할 필요가 있다. 유아의 놀이에서의 배움을 잘 기록하고 평가하기 위해서는 결과보다 놀이의 과정에 주목하고 관찰해야 한다. 이러한 기록은 평가의 과정으로서 유아가 놀이하며 배우는 과정을 평가하는 기초자료가 된다. 그리고 이러한 평가를 기반으로 유아에게 필요한 놀이지원도 함께 계획할 수 있다.

교사는 놀이를 관찰하고 유아의 놀이 경험에서 의미를 찾아 놀이 실행안, 일지 등에 기록하고 해석하여 놀이의 경험을 평가한다. 또한 놀이 결과물이나 사진 등을 함께 첨부하여 놀이의 의미와 특성을 발견하고 이것이 유아의 발달과정에서 어떠한 의미를 갖는지 해석하고 평가하게 된다.

<참고문헌>

교육부, 보건복지부(2019). 놀이실행자료. 교육부, 보건복지부.

교육부, 보건복지부(2019). 놀이이해자료. 교육부, 보건복지부.

손혜숙, 김연희, 이승숙(2020). 개정 누리과정에 기초한 유아중심 놀이지도. 정민사.

제2부

놀이 실행하기

제1장

감각표현놀이

　유아들은 일상생활 속에서 오감을 통해 감각을 느끼며 놀이한다. 오감을 적극적으로 활용하는 감각표현 놀이에서 유아들은 다양한 재료를 보고, 듣고, 만지고, 맛보면서 감각에 집중하고 탐색하는 경험을 하며 재료의 색과 크기, 질감, 형태와 같은 미적 요소를 배우고 예술적으로 표현하기도 한다.

　감각표현 놀이에서는 유아의 오감을 사용할 수 있도록 일상생활에서 쉽게 접할 수 있는 놀잇감을 비롯해 비, 바람 같은 자연현상, 나뭇잎, 꽃잎 등의 자연물, 그리고 과일, 채소 등 자연의 산물들도 훌륭한 놀잇감이 될 수 있다.

　유아들은 종이에 물감으로 색칠할 때 붓에 묻혀 색칠할 수도 있지만, 손에 물감을 묻혀 찍거나 문질러서 색칠할 수도 있다. 이때 붓에 묻은 물감과 손에 묻은 물감의 촉감이 다르게 느껴질 것이다. 과일을 먹을 때도 과일의 껍질을 벗기기 전과 후의 색과 질감이 다름을 감각적으로 알 수 있으며, 과일의 향으로 과일을 구별할 수도 있다. 가을에 바닥에 떨어진 나뭇잎을 밟을 때 나무에서 막 떨어진 나뭇잎과 떨어진 지 오래된 나뭇잎의 소리가 다름도 알 수 있을 것이다. 이렇게 유아들은 주변에서 경험할 수 있는 다양한 재료와 도구를 통해 감각을 느끼고 표현할 수 있다.

    유아들은 감각을 이용한 놀이에 자발적으로 참여하여 즐거움과 흥분을 마음껏 발산하며, 놀고 싶고, 표현하고 싶은 욕구를 분출하기도 한다. 오감을 적극적으로 활용하는 감각놀이(sensory play)는 사물 지각 능력, 놀이성의 발달과 창의적 표현 능력 발달을 도모한다.

• 일러두기
  본 장에서 제공하는 동화는 양효숙 저자, 동요는 김연희 저자가 창작한 작품입니다.

01 점토놀이

1. 준비물
여러 가지 색상의 점토, 사인펜, 크레파스, 가위 등

2. 전개
▶ 놀이의 시작 - 점토 탐색
미술놀이 코너에 놓여 있는 점토를 가지고 와서 "애들아 우리 점토로 만들기 놀이하자"라고 말하자 다른 유아들도 점토를 가지고 모였다. 친구들이 가져오는 다양한 점토들의 색깔을 비교해보고 만져 보았다.

▶ 놀이의 발전
점토를 만지면서 자기가 만들고 싶은 것들을 이야기했다.

유아1   "자동차를 만들 거야."

유아2   "피자를 만들래!"

유아3   "케이크 만들 거야."

▶ 놀이의 확장
점토를 쫙쫙 펴서 사인펜으로 찍기도 하고 동글동글하게 만들기도 하면서 즐겁게 만든다.

유아1   "피자를 너무 맛있게 만들었구나!" 점토로 피자를 만들더니 맛있게 보인다고 먹어보라
       고 이야기한다.

유아2   "케이크도 먹어봐." 친구들과 이야기를 하면서 케이크를 만들었다.

유아3   "애들아! 우리가 만든 것 전시하자." 유아들이 풀도 가져오고 나뭇잎도 가져오고 꽃잎과
       열매를 이용하여 꾸민 후 전시한다.

3. 지원활동

▶ 동화

지유는 천사 점토를 꺼냈어요.

'알록달록 점토로 오물조물 무얼 만들까?'

지유에게 점토 속에 숨어 있던 꼬마 천사가 말을 걸어왔어요.

"지유야! 마음껏 만들어봐. 그럼 내가 막대기로 요술을 부릴 게."

점토를 '쭉쭉' 펴서 '콕 콕 콕' 사인펜으로 무늬를 찍었어요.

'그래! 알록달록 공주 옷도 만들고 공주 머리띠도 만들어야지.'

예쁜 드레스를 입은 공주님이 나타났어요.

'망토도 만들고 보석이 달린 왕관도 만들어야지.'

이번에는 '번쩍번쩍' 왕관을 쓴 멋진 왕자님이 나타났어요.

'와! 천사가 요술을 부렸네! 난 옷만 만들었는데….'

빨대가 춤을 추면서 마차를 만들어 달라고 애원을 했어요.

"알았어. 내가 만들어 줄게."

천사가 빨대를 두드렸더니 훌륭한 마차가 되었어요.

마을에서는 공주님과 왕자님이 오신다고 맛있는 음식을 만들기 시작했어요.

빨대 마차를 탄 공주님과 왕자님이 마을에 도착했고, 사람들은 케이크에 초를 꼽고 불을 붙였어요.

"여러분 감사해요. 우리 다 같이 촛불을 불어요."

다 함께 손뼉을 치며 노래를 불렀어요.

"왕자님~ 공주님! 사랑해요."

▶ 동요

점토놀이

점 토 - 는 요술쟁이야 좋아하 는 자 동 차 만들 수 있어
점 토 - 는 요술쟁이야 좋아하 는 예쁜 집 만들 수 있어

점 토 - 는 따라쟁이야 내 친구 나 를따라 뚝딱만들지
점 토 - 는 따라쟁이야 내 친구 나 를따라 뚝딱만들지

♣ 놀이를 마무리하며

점토놀이의 시작은 탐색에서 시작한다. 접근방법도 유아들마다 다르다. 즉시 만져보며 탐색하는 유아들도 있고, 지켜보기만 하는 유아가 있다. 이런 경우 두 부류의 유아들을 섞어 함께 공동작업 할 수 있도록 지도를 했더니, 꺼려하던 유아도 어느새 점토를 만지기 시작하였다. 유아들은 빵, 케이크, 피자 같은 음식을 만들기 시작했다. 어느새 유아들은 자신들이 좋아하는 가구들을 만들었다. 유아들은 자신이 만든 작품에 이름도 붙여주고, 살아있는 생물처럼 서로 이야기하며 상상력을 발휘하며 역할놀이도 했다. 점토놀이는 유아의 탐색을 통한 감각적 경험과 일상생활에서의 자신의 경험을 놀이를 재구성하는 놀이의 좋은 예이다.

02 밀가루놀이

1. 준비물
밀가루, 투명한 컵이나 통, 빨대, 색깔 밀가루 반죽, 반죽을 할 때 필요한 비닐

2. 전개

▶ 놀이의 시작 – 밀가루 탐색

쟁반에 담겨 있는 밀가루를 보고 한 유아가 '후' 불었다. 밀가루가 날아가는 것을 보고 다른 유아가 밀가루를 집어서 뿌렸다. 유아들 여러 명이 밀가루를 손으로 만지고 입으로 불어 보았다.

유아1   "밀가루를 후~ 불어 보니 밀가루가 날아가네."

유아2   "바람 부는 곳에 가서 불면 어떨까?"

유아3   "빨대로 불어보면 어떨까?"

유아들은 함께 운동장에서 밀가루를 날려보자며 밖으로 나간다.

▶ 놀이의 발전

① 꽃과 나무로 가서 밀가루를 뿌린다.

② 나무 위에 뿌려진 밀가루를 보고 밀가루처럼 표정을 짓는다.

③ 빨대로 밀가루를 불어본다.

④ 밀가루가 날아가는 모습을 살펴본다.

▶ 놀이의 확장

밀가루를 날려보고 나서 남은 가루를 만지작거리다가,

유아1   "우리 밀가루 반죽놀이 할까?"

유아2   "그래, 좋아."

유아3   "밀가루 반죽할 때 필요한 것 모두 하나씩
        가져오자."

물을 가져오는 유아, 물감을 가져오는 유아, 밀대를 가져오는 유아… 유아들이 모여서 밀가루 반죽놀이를 시작했다.

3. 지원활동

▶ 동화

'쿨쿨' 잠을 자고 있는 피리와 미리를 고추잠자리가 깨웠어요.

"어서 일어나 나랑 같이 바람한테 놀러가자."

"어디 가자고? 바람한테 가자고?" "그런데 바람을 어떻게 만나?" 피리와 미리는 무척 궁금했어요.

고추잠자리를 따라 밖으로 나오자 요술 통을 주었어요. "이 통을 가지고 따라와" 통을 들고 나무가 많이 있는 곳으로 갔어요.

"통을 열어서 그 속에 가루를 뿌려 봐!"

피리와 미리는 요술 통을 열어 통 속에 있는 가루를 뿌렸어요.

가루를 뿌리고 있는데 바람이 살랑살랑 미리와 피리에게 왔지요.

요술 통 속의 가루는 바람 따라 훨훨 날아가 어느 새 하얀 머리를 한 나무가 되었어요.

너무 신기한 피리와 미리는 빨대를 가지고 가루를 날렸어요. 그랬더니 예쁜 꽃이 되었어요. 피리와 미리는 예쁜 꽃을 가지고 집으로 갔고, 요술 통의 하얀 가루는 바람 따라 하늘 높이 올라가 구름과 친구가 되었어요.

▶ 동요

동요

밀가루놀이

반주

♣ 놀이를 마무리하며

밀가루놀이 하면 일반적으로 밀가루 점토놀이를 떠올리는데, 유아들은 뜻밖에도 밀가루를 바람에 날려보고 싶다고 했다. 함께 운동장에 나가 밀가루 뿌리기 놀이를 했다. 순간 바람이 유아들 쪽으로 불어와 밀가루가 옷에 묻었다. 한 유아가 "밀가루는 바람을 좋아하나 봐. 바람이 우리를 좋아해서 우리 쪽으로 불어오고 있어"라고 말했다. 이번에는 유치원 바깥놀이장의 나무를 향해 빨대로 밀가루를 불었더니 나무는 하얀 눈을 맞은 크리스마스트리가 되었다. 놀이의 주도권을 가진 유아들은 '밀가루 불기' 놀이를 하면서 바람과 대화하고, 나무와 대화하며 자신의 감성과 느낌을 자유롭게 표현하였다.

03 풍선놀이

1. 준비물

풍선 20개, 노랑고무줄 40개, 풍선 담을 그릇 2개

2. 전개

▶ 놀이의 시작 – 풍선 불기

미술 코너에 있는 풍선을 발견한 친구가 풍선을 불다가 힘들어서 친구에게 부탁했다.

부탁받은 유아가 풍선을 불다가 힘들어서 기구를 이용하여 불기 시작했다. 유아들이

모여 들면서 풍선을 많이 불게 되었다.

유아   "선생님! 발목에 묶고 풍선 터뜨리기 해요."

유아2   "풍선을 고무줄로 묶으면 좋을 것 같아요." 유아들과 함께 하였다.

▶ 놀이의 발전 – 발목풍선 터뜨리기

① 고무줄을 이용해 발목에 풍선을 단다.

② 음악에 맞춰 춤을 추다가 호루라기 소리를
　　신호로 상대방 풍선을 터뜨린다.

③ 끝까지 풍선을 터뜨리지 않고 지킨 유아가
　　이긴다.

▶ 놀이의 확장 1 – 바구니풍선 나들이

유아   바구니에 풍선을 담으면서 논다.

유아2   "선생님! 풍선을 바구니에 담아서 돌아오는

놀이를 하면 좋겠어요." 교사는 유아의 이야기를 듣고 어떻게 하면 좋은지 물어본다.

① 두 팀으로 나누어 바구니 안에 풍선을 담아 출발한다.

② 목적지에 도착한 후 다시 제자리로 와서 다음 주자에서 넘겨준다.

③ 빨리 끝나는 팀이 이긴다.

▶ 놀이의 확장 2 - 장애물풍선 통과하기

강당에 있는 기구를 이용하여 풍선놀이를 하고 싶다고 하여 강당에 있는 기구들을 가져와 게임을 하였다.

① 풍선을 들고 터널을 통과한 후 바구니에 풍선을 담아 놓고 다시 제자리로 온다.

② 시간 안에 풍선을 많이 담은 팀이 이긴다.

3. 지원활동

▶ 동화

오늘은 방울이네 놀이터에서 운동회가 열리는 날이에요.

놀이터에는 색색의 풍선들이 줄에 매달려 너울너울 춤을 추고 있었어요.

커다란 바구니에는 풍선이 가득 담겨 있었지요. 방울이가 발목에 풍선을 달았어요. 방울이를 보고 친구들도 발목에 풍선을 달았어요.

그 모습을 본 선생님은 "호호호! 너희들 어떻게 알았니? 오늘은 풍선을 발목에 달고 풍선 터뜨리기를 할 거야." 빨강 팀과 파랑 팀으로 나누어 놀이가 시작되었어요. 시작 소리에 맞춰 아이들은 풍선을 매달고 달리기 시작했어요. 호루라기 소리를 듣고 서로서로 다른 팀 친구들의 풍선을 터뜨렸어요. '빵! 빵! 빵!' 풍선 터뜨리는 소리가 하늘에 가득 찼어요. 그 소리에 친구들은 더욱 신이 났어요.

풍선 터뜨리기가 끝나자 바구니 터뜨리기가 시작되었어요.

풍선이 바구니에 닿으면 바구니가 터지는 게임이에요. 친구들은 열심히 풍선을 날렸고, 결국 바구니가 '펑' 터졌어요. 친구들은 그 소리에 "와~!" 하고 소리쳤어요. 바구니가 터지면서 '점심시간'이라고 쓴 긴 천도 내려왔지요. 맛있는 점심 도시락을 떠올리자, 우리도 모르게 군침이 흘렀어요.

▶ 동요

동요

풍선아풍선아

풍 선 아 풍 선 아 너 는 참 좋 겠 다
하 늘 위 둥 - 둥 날 수 있 지
구 름 과 만 났 니 새 들 과 놀 았 니
풍 선 은 풍 선 은 좋 겠 구 나

반주

♣ 놀이를 마무리하며

풍선을 싫어하는 유아는 없다. 애초에는 발목 풍선 터트리기 놀이만 하고 마무리하려고 했는데, 유아들이 아쉬워하여 유아들이 다양한 아이디어로 풍선을 바구니에 옮기는 놀이까지 연결하여 진행하였다. 풍선은 하늘로 둥둥 떠다니며 유아들의 상상력을 자극한다. 또한 가벼워서 유아들이 가지고 놀이하기에 용이하다. 한 유아는 "풍선은 참 좋겠다. 날아서 구름도 만나고 새들도 만나고…"라고 표현했다. 풍선은 유아들에게 상상력과 즐거움을 제공하고, 놀이방법에 대한 다양한 아이디어를 생각나게 한다. 풍선은 상상하게 만드는 놀잇감, 감성적으로 표현하게 하는 놀잇감, 놀이방법을 창조하게 하는 놀잇감이다. 이것이 풍선이 좋은 놀잇감이라는 증거이다.

04 색모래놀이

1. 준비물

여러 가지 색깔 모래, 4절 도화지

2. 전개

▶ 놀이의 시작 - 색모래놀이

모래가 담긴 통을 건드려서 모래가 쏟아졌다.

유아1   "야! 색깔 모래다"

유아2   "우리 모래놀이 하자"

유아3   "난 모래로 그림 그리는 것 봤다. 우리도 그려 볼까?"

유아들이 모래로 그림 그리기 위해 판을 찾았다. 교사가 두꺼운 도화지를 주었다.

▶ 놀이의 발전 - 색모래 그림 그리기

① 도화지 위에 색모래를 부어서 모래를 탐색한다.

② 색모래를 탐색하며 손가락으로 여러 가지 그림을 그린다.

③ 친구들과 어떤 그림을 그릴지 의논한다.

④ 서로의 생각을 듣고 모래 그림을 그리고, 그린 것을 지우면서 색의 변화를 느낀다.

▶ 놀이의 확장

유아1   "전등을 모래에 비춰주자."

유아2   "좋아." 전등을 모래에 비추자 주변에 있는 유아들이 모인다.

유아3   "모래가 빛이 난다. 너무 신기해."

유아들이 모여서 기구를 이용하여 모래를 담기도 하면서 놀이를 한다.

유아들의 놀이는 점점 발전하여 여러 가지 모양을 만든다.

3. 지원활동

▶ 동화

구름이 땅을 내려다보니 모래들이 반짝반짝 빛나고 있었어요.

"나도 땅에 내려가 모래랑 놀고 싶어."

하지만 땅으로 갈 수가 없었어요. 구름은 시름시름 앓게 되었어요. 무지개가 구름에게 다가가 말을 했어요.

"구름님! 저랑 달구경 가요!"

"나는 땅에 있는 모래 친구가 너무나 보고 싶어요."

"아!, 그래서 병이 났군요. 걱정하지 마세요. 제가 모래를 데리고 올게요."

무지개는 사다리를 타고 모래에게 내려갔어요.

"모래님! 하늘에 있는 구름님이 모래님이 보고 싶어 병이 났어요."

"하지만 우리는 옷이 없어서 밖에 나갈 수가 없어요."

무지개는 햇빛을 불렀어요. "햇빛님! 나를 비춰주세요." 햇빛을 비춰주자 일곱 색깔이 나타났어요. 무지개는 모래에게 아름다운 색깔의 옷을 입혀주었어요.

이번에는 바람을 불렀어요. "바람아, 모래 친구들을 하늘 위로 높이높이 올려 줘!" 모래는 바람을 타고 무지개와 함께 하늘로 올라갔어요. 구름을 만나기 위해서요.

▶ 동요

색모래놀이

반주

♣ 놀이를 마무리하며

유아들이 처음 색모래를 접했을 때 만지고, 뿌리 한참을 탐색하며 놀았다. 그 후 모래의 여러 색을 섞으며 새로운 색을 창조하면서 즐거움과 만족감을 나타냈다. 유아들은 색모래를 만졌을 때의 촉감과 아름다운 색감에 대해 느낌과 생각을 표현하기도 하였다. 샌드아트를 본 경험이 있는 유아는 샌드아트를 흉내 내며 모래그림을 그리기도 했다. 오늘 유아들은 색모래놀이를 하며 모래를 탐색하고, 새로운 색의 모래를 창조했다. 색모래의 색감을 감상하며 색모래 화가가 되기도 하였다. 방법이 정해지지 않은 놀이, 정답이 없는 놀이는 유아들을 창조자, 화가로 만든다.

05 핑거페인팅놀이

1. 준비물
밀가루, 여러 가지 물감, 물

2. 전개

▶ 놀이의 시작

유아들이 물에 그림물감을 떨어뜨리면서 놀고 있다.

유아 **물을 가져와서 물에다 그림물감, 밀가루를 섞었다.**

유아는 그림물감과 밀가루가 만나 색깔이 변하는 것을 보고 신기해하며 자꾸 밀가루를 저어보았다. 여러 가지 색깔로 변한 그림물감으로 그림을 그리다가

유아2 **"물감이 흘러내리네. 흘러내리지 않게 하려면 어떻게 해야 할까?"**

유아2가 고민하다가 교사에게 물었다. 교사는 유아2의 말을 듣고 "어떻게 하면 좋을까?" 교사의 말을 듣고 고민하다가 "선생님, 밀가루 풀을 만들어주세요." 교사는 유아들과 함께 밀가루 풀을 만들기로 하였다.

▶ 놀이의 발전

① 물과 밀가루가 담겨진 냄비를 불에 올린다.

② 냄비에 밀가루를 저어 풀을 만든다.

③ 밀가루 풀에 여러 가지 색깔의 물감을 섞어 색풀을 만든다.

④ 도화지에 네임펜으로 밑그림을 그린다.

⑤ 밑그림 위에 칠하고 싶은 색깔 풀을 손가락으로 색칠한다.

⑥ 전부 그리고 난 후 그늘에 말린다.

▶ 놀이의 확장

손가락에 풀을 묻혀서 손가락 나무도 만들고 종이컵과 병을 이용하여 여러 종류의 인형을 만들었다.

3. 지원활동

▶ 동화

손가락들이 옹기종기 모인 어느 날, 모두가 심심하다고 투덜대자 엄지가 모두를 밖으로 데리고 나왔어요. 하늘에는 새들이 노래하고 땅에는 꽃들이 춤추고 있었어요. 그런데 어디서 손가락 친구들을 부르는 소리가 들려왔어요.

"얘들아! 어서와 나랑 같이 놀자." 색깔 풀들이 손가락 친구들을 부르고 있었던 거예요.

"얘들아 난 너희들이 필요해. 나하고 놀자." 손가락들은 색깔 풀들을 모두 자기 손가락에 묻혔어요. 그리고 빙글빙글 춤을 추었어요. 춤을 추자 새들이 날아가고 물고기가 헤엄을 쳤어요.

"우리, 아이스크림도 만들자." "그래, 그래."

요리조리 춤을 추며 아이스크림을 만들었어요.

"애들아, 우리가 요술쟁이가 된 것 같지 않니?"

손가락들이 춤을 출 때마다 멋진 세상이 펼쳐졌어요.

▶ 동요

동요

핑거페인팅

반주

♣ 놀이를 마무리하며

손가락 풀그림 놀이를 유아들이 좋아하는 이유는 유아들이 신체를 이용해서 놀이할 수 있기 때문이다. 풀과 그림물감을 섞는 과정부터 유아들의 흥미는 고조되었다. 유아들은 각자 좋아하는 색의 물감을 풀에 섞어서 손으로 발로 그림을 그릴 생각에 한껏 기대에 부풀었다. 사실 처음부터 손가락 풀그림 놀이가 원활했던 것은 아니다. 풀과 물감에 몸을 자유롭게 맡기고 즐길 수 있게 되기까지, 유아들이 낯선 물질(물감, 물풀)이 몸에 닿은 것을 개의치 않을 때 까지 상당한 시간이 걸렸다. 반복해서 손가락 풀그림을 구경하고 실제로 접해보는 과정이 반복되면서 유아들도 이 놀이에 익숙해지기 시작하였다. 이내 익숙해진 유아들은 특유의 호기심과 창의성을 발휘하여 놀이를 즐기기 시작하였다. 손으로 발로 예술을 창조하기 시작하였다. 그리고 이 세상에서 단 하나 밖에 없는 작품을 만들었다.

06 비눗방울놀이

1. 준비물

비눗방울 액, 비눗방울 액을 담을 그릇, 비눗방울 도구들(다양한 채), 바구니

2. 전개

▶ 놀이의 시작 – 손세정제로 손 씻기

손세정제로 손을 씻다가 손을 비비면 비빌수록 방울이 생기는 것을 보았다.

유아1　"손세정제로 비눗방울놀이 할까?"

유아2　"손세정제는 손 씻는 거야."

유아1　"비눗방울놀이 하고 싶은데."

유아1과 유아2는 비눗방울놀이를 하고 싶어 비눗방울 액을 만들었다.

▶ 놀이의 발전

① 비눗방울 액과 채를 가지고 어떤 모양으로 만들어 낼지 의견을 나눈다.

② 여러 가지 모양으로 비눗방울을 만든다.

③ 채의 모양과 크기에 따라 비눗방울 모양이 다르게 만들어지는 것을 관찰하면서 비

　　　늇방울을 분다.

④ 친구들과 재미있게 비눗방울을 만들면서 논다.

▶ 놀이의 확장

　　두 명이 한조가 되어 한명의 유아는 비눗방울을 불고 다른 두 명의 유아는 비눗방울을 바구니에 담으면서 이 비눗방울을 많이 담는 팀이 이기는 게임으로 연결하였다.

3. 지원활동

▶ 동화 - 비눗방울

　　금방울과 은방울은 친한 친구예요. 어느 날, 둘은 유치원에 가다가 무지개 방울을 만났어요. "나도 유치원에 가고 싶어. 나도 데려다 줘." 금방울과 은방울은 무지개 방울을 데리고 갔어요. "선생님! 무지개 방울이 유치원에 다니고 싶데요."

　　선생님은 반갑게 맞이해주셨어요. "무지개 방울아~! 너를 기다리고 있었어." 선생님 손을 잡고 무지개 반으로 들어갔어요. 무지개 반 친구들이 무지개 방울을 보고 반가워했어요.

　　"반가워. 우리 친하게 지내자."

　　무지개 방울도 만나서 반갑다고 인사를 했어요. 그런데 이상한 일이 생겼어요. 무지개 방울이 인사하자마자 어디선가 비눗방울들이 몰려온 거예요

　　"우리 같이 놀자."

　　방울들은 비눗방울과 신나게 놀이를 했어요.

　　"애들아! 맛있는 간식시간이에요."

선생님께서 부르시는 소리도 듣지 못했어요.

방울들은 간식시간도 잊은 채 아직도 비눗방울놀이를 하고 있나 봐요.

▶ 동요

비눗방울

동요

둥 실 둥 실 살 랑 살 랑 비 눗 방 울 떠 나 네

너 무 예 뻐 잡 고 싶 고 안 고 싶 지 만

터 트 리 기 아 까 워 - 따 라 따 라 다 니 면

펑 스 르 르 사 라 집 니 다

반주

♣ 놀이를 마무리하며

유아들이 제일 좋아하는 놀이 중의 하나가 비눗방울놀이다. 비눗방울 만들기도 좋아하고, 둥둥 떠다니는 비눗방울을 따라다니는 것만으로도 즐거워한다. 함께 놀이를 하다 보니 비누액을 서로 많이 가지려다 엎지르기도 하고, 비눗방울 날리는 공간을 확보하려는 과정에서 다툼도 있었다. 오늘 유아들은 너무도 좋아하는 비눗방울놀이를 하면서, 함께 사용하는 비누액을 서로 나누어 사용하며 양보하는 경험과 친구가 비눗방울 만드는 큰 동작을 할 때 공간을 내어주고 배려하는 경험도 하였다. 오늘 비눗방울놀이는 일석이조의 효과였다. 유아들에게 즐거움을 주었고 친구들과 함께 나누고 배려하며 놀이하는 사회적 기술을 배우고 경험하였다.

07 꽃향기맡아보기놀이

1. 준비물
유치원 주변의 나무와 꽃

2. 전개
▶ 놀이의 시작 - 꽃을 찾아라

산책을 하다가 국화가 핀 길을 지나고 있었다. 뒤에 따라오던 유아들이 앞에서 국화를 바라보고 있는 한 유아 때문에 앞으로 갈 수 없어서 덩달아 꽃을 바라보게 되었다.

유아I   "선생님! 꽃이 예뻐요. 우리도 꽃 보러 가요."

유아2   "꽃향기가 너무 좋아요. 꽃향기 맡아보세요."

유아3   "저는 나비가 되어 꽃향기를 맡을래요."

산책을 하던 유아들이 국화 옆에서 꽃향기를 맡아보고 싶어 했다.

▶ 놀이의 발전 - 꽃향기 맡아보기

① 꽃과 나무에 대해 이야기하고 꽃과 나무의 향기를 맡는다.

② 유치원 주변의 꽃과 나무를 찾아서 냄새를 맡아본다.

③ 꽃의 향기를 맡아보고 그 향기를 몸으로 표현한다.

④ 나무의 향기도 맡아보고 느낌을 표현한다.

▶ 놀이의 확장

꽃향기를 맡아보고 느낌을 이야기하면서 너무 즐거워했다.

유아1   "우리 꽃으로 그림을 그리면 어떨까?"

유아2   "꽃으로 어떻게 그림을 그리는데?"

유아1   "먼저 그림을 그리고, 그 다음에 색칠을 꽃과 잎으로 하는 거야."

3. 지원활동

▶ 동화

　오순이와 도순이가 숲속에서 만나기로 약속을 했어요. 오순이는 빨강 블라우스에 연두색 치마를 입고 초록 신발을 신었고요. 도순이는 노랑 원피스에 초록색 스타킹을 신었어요. 오순이와 도순이는 만나자마자 서로서로 예쁘다고 칭찬을 했어요.

　"도순아! 이 숲속에 오는 길이 힘들었니?"

　"아니, 기분 좋게 왔어. 숲속에서 좋은 향기가 나서 기분이 좋았어."

　"맞아. 나도 향기가 너무 좋아, 어디서 나는 걸까?"

　둘은 향기가 나는 곳을 찾아보기로 했어요.

　숲 속에 피어있는 예쁜 꽃들과 나무들의 향기를 맡으며 걸어 다녔어요.

　"어? 저기 예쁜 집이 있어."

　"어서 가보자."

　가까이 다가갈수록 진한 향기가 풍겨왔어요. 작은 집에는 예쁜 꽃들의 향기를 가득 담아 놓은 병이 가득했어요.

　"꽃으로 향수를 만드는 집이야."

오순이와 도순이는 향수를 만드는 집에 들어갔어요. 꽃 요정이 반가워하며 손을 내밀었어요. 오순이와 도순이의 온몸에 꽃향기가 퍼졌어요.

"우리도 만들고 싶어요."

오순이와 도순이도 꽃 요정을 따라 향수를 만들기 시작했어요.

▶ 동요

꽃향기

반주

♣ 놀이를 마무리하며

유아들과 유치원 주변을 산책하며 주변 꽃들의 향기를 맡아보았다. 시기적으로 가을이라 국화, 코스모스 같은 가을꽃들을 살펴보고 향기를 맡아 보았다. 유아들은 국화처럼 강한 향기가 나는 꽃과 그에 비해 향기가 덜 나는 코스모스의 향기를 비교하며 느낌을 이야기했다. 후속으로 꽃잎을 모아 향수를 만들거나, 향기 나는 비누를 만들어보는 것도 좋을 듯하다. 자연의 향기를 일상에서 어떻게 활용하는지, 그것이 사람들을 얼마나 기분 좋게 하는지 아는 것도 유아들에게 좋은 경험이 될 것 같다. 자연이 우리에게 주는 이로움을 알고 자연을 사랑하는 마음을 갖게 하는 것도 환경교육이지만, 향기를 맡아보고 그 느낌을 음미하고 즐기는 것도 유아에게는 중요한 경험이라고 생각한다.

08 뻥튀기놀이

1. 준비물
전자레인지, 검은 콩, 옥수수, 도화지, 네임펜, 가위, 본드 등

2. 전개

▶ 놀이의 시작

간식으로 팝콘을 먹다가 '팝콘은 어떻게 만들어 질까?' 궁금해 하기 시작했다.

유아1   "선생님! 팝콘은 어떻게 만들어요?"

유아2   "우리 엄마는 팝콘을 전자레인지에 넣어서 만들어 주셨어요."

유아3   "우리 집에서는 프라이팬으로 만들었는데요."

유아들이 팝콘을 안전하게 만들 수 있는 방법을 이야기 하고 팝콘놀이를 하였다.

▶ 놀이의 발전

① 콩과 옥수수를 전자레인지에 넣는다.

② 전자레인지에 들어간 콩과 옥수수의 변화
과정을 살핀다.

③ 옥수수와 콩이 변하는 모습을 몸으로 표현
한다.

④ 튀겨서 나온 튀밥과 콩을 가지고 여러 가지
모양을 각자가 꾸민다.

⑤ 세 명이 한조가 되어 각자가 꾸민 그림을 합
쳐보고, 다시 생각을 모아 작품을 완성한다.

▶ 놀이의 확장 : 튀밥 왕관

유아   "튀밥으로 왕관을 만들어서 튀밥나라놀이
        하고 싶어요."

유아2   "왕관을 어떻게 만들어야 되는데."

① 왕관 본을 그렸다.

② 왕관 본 위에 튀밥을 붙였다.

③ 왕관을 썼다.

④ 튀밥나라를 꾸미고 역할놀이를 하였다.

3. 지원활동

▶ 동화

튀밥나라에 튀밥들이 모여 살았어요.

"앗 뜨거! 내 심장이 쿵쾅 쿵쾅거리잖아!" 튀남이가 짜증을 냈어요. 그러자 '실룩 쌜룩' 엉덩이를 흔들면서 튀순이가 신경질을 냈어요. "누가 이렇게 소란을 피우는 거니?" 이번에는 튀미가 바닥에서 꿈틀 꿈틀 나오며 투덜거렸어요. "무슨 일이 일어난 거야? 왜 이렇게 소란스러워" 튀돌이가 개구리처럼 폴짝폴짝 뛰어오르며 재미있다는 듯 말했어요. "신나게 음악에 맞춰 춤을 추면 어때?"

튀돌이는 비발디의 <사계> 중 '여름 3악장'을 틀었어요.

그러자 튀밥들은 음악에 맞춰 춤을 추기 시작했어요. 각자 가장 멋진 포즈를 취하면서 멋진 쇼도 펼쳤어요. 경쾌한 음악과 아름다운 선율에 맞춰 각자 몸을 굴리며 춤을 췄어요. 옆집에 사는 튀돌이 친구들도 흥이 나서 함께 춤을 췄어요.

거울에 친구들의 얼굴이 비춰었어요.

"내 모습이 세상에서 가장 행복해 보여!"

"그래, 나도 일기장에 '가장 행복한 날'이라고 적을 거야."

집으로 돌아간 튀밥나라 친구들은 일기를 썼어요.

'나처럼 멋진 튀밥은 없어'라고요.

뻥튀기놀이

동요

둥글둥글 몸을 숙여서

제일 작게 만들어보자

점점 크게 몸을 벌려서

뻥 하고 터뜨려보자

반주

♣ 놀이를 마무리하며

뻥튀기놀이는 유아들이 좋아할 만한 요소를 다 갖추고 있다. 첫째 유아들이 좋아하고, 먹을 수 있는 재료이다. 둘째는 옥수수에 열이 가해지면서 팝콘으로 변하는 과정을 유아들이 뚜렷하게 관찰할 수 있다. 셋째는 옥수수에서 팝콘으로 변하는 모습을 몸으로 표현하는 신체놀이가 가능하다. 옥수수팝콘이라는 재료를 맛있게 먹으며 미술활동을 하고, 옥수수에서 팝콘으로의 물질의 변화 과정을 탐색하며 몸으로 다양하게 표현하는 과정에서 유아들은 즐거움과 재미와 과학적 탐구 경험까지 경험할 수 있다.

09 거품놀이

1. 준비물
큰 대야, 거품 목욕가루, 물, 거품기, 다양한 색깔의 그림물감, 도화지

2. 전개
▶ 놀이의 시작

유치원 주방에서 그릇을 씻다가 거품이 튀어 유아들이 놀고 있는 데까지 왔다.

유아   "이게 뭘까?"

유아2   "비눗방울 같은데"

유아3   "어디서 왔을까?"

유아들이 거품이 있는 곳을 찾으러 다녔다. 유치원 주방에 거품이 가득하였다. 유아들은 거품을 만지기 시작하였다.

▶ 놀이의 발전 – 비누거품놀이

① 큰 대야에 물과 거품 목욕가루를 넣고 거품기로 젓는다.

② 거품이 많이 날 때까지 젓다가 여러 가지 색깔의 그림물감을 넣는다.

③ 물감을 넣은 후 거품기로 더 젓다가 색깔 거품이 나오면 도화지에 발라본다.

④ 도화지에 묻힌 다양한 거품 모양을 감상하고 그늘에 말린다.

▶ 놀이의 확장- 양말 거품 그림

양말에 거품을 넣어 흔들어 거품을 많이 만들어 종이에다 그림을 그렸다.

3. 지원활동

▶ 동화

뿌뿌뿌! 뿌우뿌뿌뿌 뿌뿌뿌! 뿌우뿌뿌뿌

어디선가 노래 소리가 들렸어요. 비누에서 나온 퐁퐁이가 노래를 부르고 있었던 거죠. 현수와 송이는 퐁퐁이의 노래 소리를 듣고 발길을 멈췄어요.

"애들아! 뭐하고 있니?"

"우리 거품 내고 있는 거야. 비누를 간지럽히면 자꾸자꾸 거품이 나면서 노래를 부르게 되거든."

"그럼 내가 간지럽혀도 돼?"

"좋아 우리는 간지럽혀주면 좋아해."

송이는 물감주머니를 거품에 부었어요. 퐁퐁이가 노래를 힘차게 불렀어요.

"퐁퐁이가 줄을 타고 올라갑니다. 간질간질 간질간질 너무 재밌어.

쓱싹쓱싹 만져주면 너무 좋아요. 방울방울 거품이 되지요."

노래를 부르다 보니 어느새 물통이 무지개 색깔 거품으로 가득 찼어요. 퐁퐁이는 오색무늬 옷을 입고 춤추기 시작했지요. 현수와 송이는 춤추는 모습을 도화지에 담았어요.

"와! 아름답다."

"너무 신기하다."

퐁퐁이가 세상에서 단 하나밖에 없는 귀한 선물을 안겨주었어요.

▶ 동요

거품놀이

뽀글 뽀글 예쁘게 올라옵니다

몽글 몽글 비눗방울 올라옵니다

후 불면 춤을 추며 날아갑니다

후 불면 날아가다 없어집니다

♣ 놀이를 마무리하며

거품놀이 준비과정은 꽤 번거롭다. 지금까지는 물감과 액체비누가 섞인 물을 밑동 자른 페트병에 부어서 빨대로 불고, 거품이 올라오면 종이에 올려서 거품 모양이 그림으로 나타나게 하는 거품놀이를 주로 하였다. 그러나 이번에는 규모를 좀 크게 하여 큰 대야에 목욕용 거품비누와 물감을 넣고 여러 명의 유아가 거품기를 사용해 거품을 만들도록 했다. 유아들은 거품을 내야한다는 공동의 목적 달성을 위해서 협력하여 거품 만들기에 몰두하였다. 이를 통해 유아들은 함께 하는 즐거움과 함께 작업해서 얻게 되는 성취감을 경험하였다. 준비는 힘들었지만 시도하기를 잘 했다는 생각을 해본다.

10 색깔찾기놀이

1. 준비물
색깔 머리띠, 색깔 그림물감이나 색모래, 색 부채, 책상 등

2. 전개

▶ 놀이의 시작- 색깔찾기

유아들의 옷차림에서 같은 색 옷을 입은 사람끼리 팀을 만들어서 놀이를 하고 있었다.

유아1   "난 내 옷에 색깔이 너무 많이 들어 있어서 무슨 색깔로 가야 할지 모르겠어."

유아2   "네 옷은 노란색이 가장 많이 들어있으니까 노란색으로 가면 좋겠다."

색깔놀이를 재미있게 하고 있는데 유아들이 색깔찾기놀이를 하자고 왔다.

▶ 놀이의 발전 – 색깔찾기놀이

① 두 팀으로 나눈다.

② 유아들은 자기가 좋아하는 색깔의 머리띠를 쓰고, 색깔들이 놓인 목적지로 달려간다.

③ 목적지에 도착한 유아는 머리띠 색깔과 같은 색 병을 찾는다.

④ 같은 색 병을 가지고 출발지로 달려온다.

⑤ 다음 차례의 유아와 손뼉을 치듯 터치하면 다음 차례의 유아가 출발한다.

⑥ 끝까지 머리띠와 맞는 색깔 병을 빨리 가져온 팀이 승리한다.

▶ 놀이의 확장 – 색깔 이름 놀이

① 머리띠에 맞는 색깔을 찾는 게임에서 색깔을 가지고 놀다가 색깔의 이름을 부르면 빨리 찾아서 그 색깔 이름에 맞게 갖다 놓는 게임으로 이어졌다.

② 색깔 모자를 쓰고 모자장수놀이를 하였다.

3. 지원활동

▶ 동화

노랑이와 초록이는 나들이 도시락을 싸고 있었어요.

빨강이와 파랑이는 주황이와 함께 대청소를 하고 있었고요.

"얘들아!" 어디서 색깔을 부르는 소리가 들려왔어요. 대장 무지개였어요. 그 소리에
남색과 보라가 깜짝 놀라 잠에서 깨어났어요.

"어! 큰일 났어. 너무 늦잠을 잤어."

모두 현관 앞에 모이자 대장 무지개가 말했어요.

"오늘은 색깔 동산을 만들어야 해요. 자기 색깔로 다 함께 만들기로 해요."

색깔들은 동산에 필요한 것이 무엇인지를 알아보고 다시 모였어요.

"동산에 나무를 많이 심었으면 좋겠어요."

"맞아요. 그래야 아름다운 동산이 될 수 있어요"

빨강이는 사과나무를 만들고 주황이는 감나무를 만들고 노랑이는 은행나무를 만들

기로 했어요. "저는 작은 호수를 만들고 싶어요." 파랑이가 말했어요. "그럼, 나는 호수를 건너는 구름다리를 만들래." 보라도 정했어요. "나는 초록 동산을 만들어야겠어." 초록이도 정했어요. 남색은 친구들의 말을 꼼꼼하게 적었어요.

초록색 동산 앞에 작은 호수, 그리고 보라색 구름다리와 맛있는 과일이 주렁주렁 열린 아름다운 동산이 만들어졌어요. 그런데 남색은 아직도 생각하고 있어요. 과연 남색은 무엇을 만들까요?

▶ 동요

예쁜색고운색

동요

반주

♣ 놀이를 마무리하며

다양한 색상들에 대해 유아들은 각자의 취향에 따른 색에 대한 선호도와 느낌을 각각 다르게 표현한다. 색을 활용하는 놀이와 활동을 통해 유아들은 감각적·심미적 경험을 하고 예술적 감각이 발달한다. 제각각 색에 대한 취향, 감각, 느낌을 가지고 있으므로, 이를 소재로 다양한 활동을 한다면 유아들에게 예술적 취향충족과 재미와 성취감을 함께 제공할 수 있을 것이다. 오늘도 유아들은 여러 가지 색이 프린팅 되어 있는 사물이나 물건(장난감, 인형 등)에 대한 선호도와 감각적 느낌을 끊임없이 표현한다.

11 실놀이

1. 준비물
여러 종류의 실, 사계절 음악

2. 전개

▶ 놀이의 시작 - 실 찾기
바느질놀이에 있는 실을 가지고 모양을 만들어서 놀이를 하였다. 실을 묶기도 하고 테이프로 고정하면서 실놀이를 하였다.

▶ 놀이의 발전 - 실뜨기
① 여러 가시 실을 만져보다 그 중에 하나를 정해 양 끝을 묶는다.
② 친구들과 함께 실뜨기를 한다.
③ 친구와 함께 서로 번갈아 가면서 실뜨기를 한다.

▶ 놀이의 확장 1 - 실로 모양 만들기
① 실을 탐색한 뒤 여러 가지 모양을 만든다.

② 실의 특성을 이용하여 만든 것을 서로 이야기한다.

▶ 놀이의 확장2 – 줄넘기

① 음악에 맞춰 실을 이용하여 줄넘기를 한다.

② 음악에 맞춰 실 춤을 춘다.

3. 지원활동

▶ 동화

엄마는 털실로 옷을 만들지만, 나는 털실로 실놀이를 해요.

"헤헤 랄랄라 라라랄라 랄랄랄라 랄랄라 라라랄라 랄랄랄라 흥흥흥"

실들이 노래하고 춤을 추면서 친구를 찾으러 나갔어요. 그것을 본 토끼 깡충이와 깡총이가 실들을 불렀어요.

"너희들은 누군데 이렇게 아름답니?

"우리는 실이라고 해. 우리가 있어야 옷도 방석도 컵 받침도 만들 수 있어."

"맞아. 그렇구나! 너희들과 함께 놀면 안 될까?"

"좋아! 우리도 많이 심심했었어."

깡충이와 깡총이는 실들과 함께 놀이를 시작했어요. 깡충이는 실을 풀어서 거미줄을 만들었어요. 깡총이는 줄넘기를 만들어 줄넘기를 했지요.

"이번에는 실로 여러 가지 모양을 만들어 보자."

깡충이는 실을 깡총이에게 넘겨주었어요. 깡총이도 깡충이에게 실을 넘겨주었어요. 실이 왔다 갔다 하면서 멋진 무늬가 생겼어요. 그때, 할머니가 오셨어요.

"너희들 실뜨기를 하고 있구나? 할머니도 실로 너희들 조끼를 만들었지."

"할머니! 이 실로 조끼를 만들었다구요?

깡총이와 깡충이는 부드럽고 따뜻한 조끼를 입고 더욱 즐겁게 놀았답니다.

▶ 동요

색 털 실

반주

♣ 놀이를 마무리하며

실은 비구조화된 놀잇감이기 때문에 정해진 놀이방법이 없다. 처음에는 소근육의 감각적 경험을 목적으로 실뜨기 놀이를 시작했지만, 유아들은 이를 발전시켜 다양한 방법의 실놀이로 확장하였다. 유아들은 줄넘기를 만들고, 리본처럼 움직이며 춤을 추기도 하였다. 길이가 다른 실들을 서로 묶어서 길게 연결하기도 하고, 실로 그림을 그리기도 하였다. 실놀이는 놀이방법이 정해지지 않아서 유아들의 생각과 아이디어로 얼마든지 새로운 놀이를 만들고 확장하여 유아들이 즐길 수 있다. 내일은 유아들이 이 놀잇감으로 어떠한 놀이를 만들어 낼지 궁금하다.

12 색분필놀이

1. 준비물
여러 색의 분필

2. 전개

▶ 놀이의 시작

분필로 칠판에 그림을 그리다가 자석 칠판으로 옮겨 그림을 그렸다. 그림을 그리고 난 뒤 분필을 가지고 마당으로 나갔다. 마당에다 분필로 그림을 그리기 시작하였다.

▶ 놀이의 발전 - 분필놀이

① 유아가 색분필을 가지고 바닥에 무엇을 그릴지 생각한다.

② 유아들의 생각을 담아 땅에 색분필로 그림을 그리기 시작한다.

③ 친구들이 그린 그림을 보고 친구들의 그림과 연결하여 그린다.

④ 색분필로 게임놀이를 그려서 게임을 한다.

▶ 놀이의 확장

분필로 사방치기를 그려서 사방치기를 한다.

3. 지원활동

▶ 동화

색깔들이 바람을 타고 날아다니다가 하얀 가루를 만났어요.

"하얀 가루야. 우리 같이 친하게 지내자."

색깔들은 하얀 가루와 만나 색분필이 되었어요.

어느 날, 색분필들은 유치원에 놀러 갔어요.

"똑똑똑 저는 색분필이에요, 함께 놀고 싶어서 왔어요."

친구들이 모두 환영해 주었어요.

술이와 솔이는 색분필을 가지고 운동장으로 나갔어요.

색분필로 바닥에 그림을 그리기 시작했어요.

기찻길도 그리고 예쁜 꽃과 나비도 그리고 작은 놀이터도 그렸어요. 신나게 놀다 보니 여름방학 때 갔던 숲이 생각났어요. 숲을 그리고 토끼, 다람쥐, 사슴도 그렸어요. 동물들이 좋아하는 아름다운 숲속이 되었어요.

그림 속에 가루 바람이 '후후 후후 얍' 하고 불었더니 숲속 동물들이 살아서 움직이는 거예요.

"우리가 그린 그림이 움직여."

"맞아 그림이 살아서 움직여."

술이와 솔이는 깜짝 놀랐어요.

"이건 요술 분필이야!"

술이와 솔이의 사랑을 듬뿍 받고 색분필은 요술분필이 되었던 거예요.

색분필화가

동요

분홍분필로 그린꽃 – 은 너무예쁘다

하얀분필로 그린집 – 은 정말멋있다

파란분필로 색칠한바다 정말시원해

나는나 – 는 색 – 분 – 필 화가랍니다

반주

♣ 놀이를 마무리하며

유아들은 도화지에 그림을 그리거나 색칠을 하는 것도 좋아하지만, 밖에 나와 맨땅 위에 그림을 그리는 것도 매우 즐거워하며 신기해하였다. 좋은 질감의 종이에 그림 그리는 것이 익숙하고 화이트보드, 스마트 칠판에 쉽게 그렸다 지웠다 하는 것에 익숙한 요즘 유아들에게 거칠거칠한 땅에 한번 그리면 지워지지 않는 칠판용 분필로 그림을 그리는 것이 오히려 색다른 경험일 수 있다. 오늘 유아들은 유치원 앞마당 땅 위를 분홍색, 파란색, 흰색의 다양한 색감의 분필로 물들였다. 친구의 이름을 쓰기도 하고, 집도 그리고, 나무도 그리면서 유치원 공터 땅 위를 아름답게 그리고 채색하였다. 오늘 땅 위에 색분필로 진지하게, 그러나 재미있게 그림 그리고 표현하는 유아들에게 '색분필 화가'라는 이름을 붙여주었다.

13 그림자놀이

1. 준비물
암막, 프로젝터

2. 전개

▶ 놀이의 시작
운동장에서 놀다가 그림자가 움직이는 것을 보고 자꾸 움직여 보았다.

유아1 "선생님! 그림자가 저를 따라 다녀요."

유아2 "그림자를 잡으려면 어떻게 해야 하나요?"

유아들이 그림자에 대해 흥미를 갖기 시작했다. 그림자를 잡으려고 해도 그림자는 잡히지 않았다.

▶ 놀이의 전개 - 그림자놀이

놀이 - 모양이 달라요

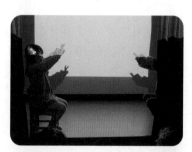

① 암막을 치고 프로젝트를 내려 빛을 비추는 상태에서 손을 움직여 본다.

② 손가락을 움직일 때마다 달라지는 그림자를 보면서 다양한 포즈를 취한다.

▶놀이의 확장1 - 두루미 만들기

① 두 명이 두 손을 모아 동그랗게 만든다.

② 그림자에 비친 두 손은 두루미가 된다.

③ 두루미가 되어 먹이를 먹는 모습도 만든다.

▶ 놀이의 확장2 - 길게 늘어나요
① 운동장에서 그림자를 가장 길게 만들어 본다.
② 그림자를 가장 짧게 만든다.

▶ 놀이의 확장3 - 나를 따라 다녀요
① 움직일 때마다 그림자가 어떻게 변화하는
지 관찰하면서 그림자놀이를 한다.
② 그림자 모습을 보고 그림으로 표현해보거
나 한 사람씩 리더가 되어 움직이면 그림자
를 보고 따라 하기를 한다.

3. 지원활동

▶ 동화

지혜와 온유가 둘이서 손을 잡고 할머니 댁에 가고 있었어요. 그런데 뒤에서 사람이
자꾸 따라오는 거예요. 길을 가다가 앉으면 뒤따라오는 사람도 앉고 다시 서서 걸어가
면 뒤에서도 또 서서 걸어오고…. 지혜와 온유가 뒤를 돌아다보면 아무도 없는데 말이
에요.

"오빠! 이상해! 누가 우리를 따라오는 것 같은데 뒤돌아보면 아무도 없어."

"헤헤 우리를 따라오는 건 사람이 아니라 그림자야."

"그림자? 그림자가 뭐야?"

"음~ 그림자는 빛을 잘 통과하지 않는 물체에 빛을 비출 때 반대쪽에 나타나는 그 물
체의 모양이야."

"그런데 왜 우리를 따라다녀?"

"그건 우리가 햇빛이 있는 곳을 걸을 때 저 쪽에 있는 햇빛이 우리를 비추고 있어서
생기는 거야. 다음에 책에서 그림자에 대한 내용을 찾아서 오빠가 가르쳐줄게."

"응, 알겠어."

지혜와 온유 그리고 따라오는 두 사람의 그림자까지, 이렇게 넷은 부지런히 할머니 댁으로 걸어갔답니다,

▶ 동요

그림자친구

동요

또 너랑 나랑 걷고 있구나

언제 까지 나 를 따라 올 거니

넌 그렇게도 내가 좋으니

심심하지 않아서 나도 좋단 다

반주

♣ 놀이를 마무리하며

그림자놀이는 몸을 움직이는 역동적인 놀이라서 유아들에게 인기가 많다. 유아들은 자신들의 움직임에 따라 그림자의 모양이 바뀌는 것에 흥미를 보이며, 그림자의 움직임을 관찰하였다. 또한 그림자밟기놀이에서 그림자의 원리를 이해하는 7세 반 유아들은 키가 커서 놀이하는데 불리하다며 몸을 작게, 크게 움직여 놀이에 적용하기도 하였다. 5세 반 유아들은 그림자를 친구라고 칭하며, 그림자를 자신의 움직임에 따라 함께 따라서 움직이는 따라쟁이 친구라고 표현하기도 하였다. 자연현상에 대해 유아들은 호기심을 가지고 탐색하기를 즐겨한다. 특히 그림자놀이는 햇빛만 잘 비춰준다면 별다른 도구 없이도 재미있게 놀이할 수 있다. 그림자놀이는 자연의 현상과 원리를 터득하며 놀이할 수 있는, 쉽고도 재미있는 놀이이다.

제2장

상상역할놀이

역할놀이는 가작화 요소(as-if elements)가 포함된 놀이로서 상징놀이, 가상놀이, 환상놀이, 사회극놀이, 연극놀이 등의 형태로 다양한 언어와 행동으로 표현되는 놀이이다. 유아들은 역할놀이를 통하여 좋아하는 사람 또는 동물이 되어 보기도 하고, 사물의 역할도 해보면서 자신의 생각이나 감정을 표현한다.

역할놀이의 대표적 형태는 소꿉놀이이다.

어렸을 적 소꿉놀이를 떠올려 보자. 지금의 아이들과 가지고 노는 도구는 달랐지만, 당시 주변에 있던 많은 것들을 이용해 역할을 부여했다. 이를테면 흙을 밥이라고 하고 풀을 반찬이라고 하며 엄마, 아빠, 아기의 역할을 하는 표상적인 놀이를 한 것이다.

일반적으로 연령이 낮은 영유아들이 연령이 높은 유아들에 비해 표상기술이 부족하기 때문에 사실성과 구조성이 높은 놀잇감을 가지고 놀이하게 되며, 점차 연령이 증가함에 따라 사실성과 구조성이 낮은 놀잇감이라도 놀이 상황에 필요한 사물로 대체하며 놀이할 수 있게 된다. 예를 들어, 연령이 낮은 영유아들은 소꿉놀이 세트의 장난감 그릇을 가지고 밥상 차리기 놀이를 하지만, 점차 연령이 높아지면서 나뭇잎을 그릇 삼아서 밥상 차리기 소꿉놀이를 할 수 있다.

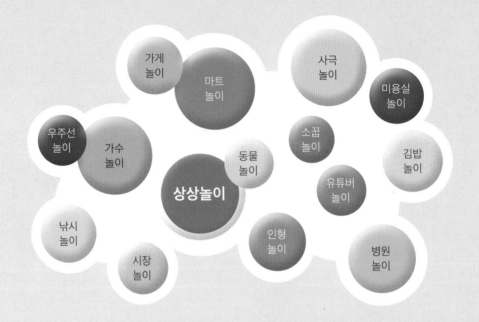

    역할놀이는 유아들의 일상을 가장 자연스럽게 반영한다. 유아들은 역할놀이를 통해 일상의 삶에 내재되어 있는 자신의 감정과 욕구를 자연스럽게 표현할 수 있으며 이러한 과정을 통해서 세상에 대한 이해를 높일 수 있게 된다.

· 일러두기
    본 장에서 제공하는 동화는 양효숙 저자, 동요는 김연희 저자가 창작한 작품입니다.

소꿉놀이

₁₄

1. 준비물

점토, 나무젓가락, 짐 나르는 카트, 쇼핑 카트, 소꿉놀이 그릇, 밥상, 유모차, 우유병, 다리미판, 벽돌

2. 전개

▶ 놀이의 시작 - 소꿉놀이

인형놀이를 재미있게 하다가

유아   "아가야! 엄마가 시장에 갔다 올 동안 집 잘 보고 있어."

유아2   "엄마! 다녀오세요. 올 때 맛있는 것 사가지고 오세요."

유아   "알았어요."

유아1은 맛있는 것을 찾으러 유치원을 돌아다닌다. 이후 모형 과일 세트와 소꿉놀이 세트를 가지고 왔다.

▶ 놀이로 발전 - 소꿉놀이

① 엄마, 아빠, 삼촌, 이모, 언니, 동생으로 배역을 정한다.

② 아빠는 직장에서 일을 하고, 집에 있을 때는 집안 일도 돕는다.

③ 이모는 예쁜 옷을 입고 출근했고, 삼촌은 열심히 일하느라 옷이 구겨졌다.

④ 엄마는 아기에게 우유도 주고, 가족들을 위해 음식을 만들어 저녁상을 차린다.

⑤ 온 가족이 모여 저녁을 먹으면서 오늘 있었던 일들을 이야기하며 웃음꽃을 피운다.

▶놀이의 확장

음식점 놀이, 결혼식 놀이로 이어졌다.

3. 지원활동

▶ 동화

재원이, 소희, 한나, 선율이가 소꿉놀이를 합니다. 한나는 엄마, 소희는 딸, 재원이는 아들, 선율이가 아빠가 되기로 했어요. 아들인 재원이가 엄마 한나에게 "엄마! 배고파! 밥 주세요" 라고 하니, 한나는 엄마처럼

"배가 고프구나. 맛있는 밥 만들어 줄게" 하고 답합니다. 엄마가 저녁 준비를 하니까 딸인 소희도 도와요.

점토로 밥도 짓고, 국도 끓이고, 고기를 만들어 나뭇가지에 끼워 구웠어요. 꽃잎 모양으로 전도 만들었지요. 맛있는 밥상이 금세 생겼어요.

"이야, 맛있겠다! 보기만 해도 꿀꺽꿀꺽 군침이 도네. 배고파요, 어서 주세요." 재원이는 배가 많이 고픈가 봐요. "여보! 나도 너무 배고파요. 어서 밥 좀 줘요." 아빠 선율이도 거들었어요. 한나는 "아휴 손 씻고 오세요"라며, 정말 엄마처럼 말했어요. 우리는 정말 맛있는 저녁식사였어요. "여보! 맛있는 음식 먹었으니 내가 설거지를 할게요. 하하하."

마지막엔 아빠 선율이가 설거지를 하고, 한나네 가족은 모두 함께 산책도 나갔어요.

집에 돌아가서도 친구들은 소꿉놀이 하는 꿈을 꾸었답니다.

▶ 동요

소꿉동무

매 일 매 일 함께 놀이하는 친 구 들 이 있 어 요

엄 마 아 빠 애기 흉내 내며 소 꿉 놀 이 하 지 요

우 리 엄 마 도 어 렸 을 적 에 소 꿉 놀 이 를 했 대 요

함 께 놀 았 던 친 구 들 을 소 꿉 동 무 라 고 했 대 요

반주

♣ 놀이를 마무리하며

유아들이 일상적으로 꾸준하게 참여하는 놀이가 소꿉놀이이다. 이 놀이는 아주 오래전부터 지금까지 가장 흔한 놀이 중 하나이다. 유아는 자신의 일상의 경험을 재구성하여 소꿉놀이로 표현한다. 소꿉놀이에서는 부모의 양육태도, 유아의 양육환경, 유아의 정서 상태, 유아의 생활습관 등을 관찰 할 수 있다. 소꿉놀이에서는 유아기 특권인 메타커뮤니케니션을 통해 현실과 상상을 넘나들며 자신의 정서와 감정을 표현하고 만족감을 얻는다. 매일 매일의 일상적인 소꿉놀이를 통해 우리 아이들의 경험 또한 확장될 것임을 믿는다.

15 동물병원놀이

1. 준비물

의사 가운, 간호사 가운, 반사경, 청진기, 주사, 동물인형, 각종 주스, 새알 초콜릿, 설탕, 병원 표시, 약국 표시, 돈 등

2. 전개

▶ 놀이의 시작 - 동물인형이 아파요

동물 인형을 가지고 놀다가

유아1   "우리 멍멍이가 많이 아파요. 병원에 가야
         겠어요."

유아2   "그럼, 동물병원 가야지요."

유아1   "우리 유치원에는 동물병원이 없어요."

유아2   "그럼, 어떻게 해야할까요?"

놀면서 멍멍이가 아프다고 쩔쩔매고 있는 유아에게

유아3   "유치원에 동물병원 만들면 어때?"

유아들이 고개를 끄떡 거리면서 동물병원를 만들었다.

▶ 놀이의 발전 - 동물병원놀이

① 동물인형이 아프다고 동물병원에 와서 기
   다린다.

② 간호사가 이름을 부르면 의사한테 가서 진찰을 받는다.

③ 의사는 진찰을 하고 약과 주사를 처방한다.

④ 간호사는 아픈 동물인형에게 주사를 놓는다.

⑤ 동물인형 보호자는 약 처방전을 가지고 약국으로 가서 약을 받고 집으로 간다.

▶ 놀이의 확장

동물들이 필요한 것들을 살 수 있는 동물 백화점으로 확장하였다.

3. 지원활동

▶ 동화

화창한 날, 숲속에 사는 아기 동물들의 노래잔치가 열렸어요. 모두모두 멋을 내고 노래잔치에 왔어요. 동물들은 여기저기서 발성연습을 했어요.

우우우우~, 끼륵끼륵끼륵끼~ 목소리를 가다듬었어요.

"멍멍! 여러분 안녕하세요? 집에서 노래 연습 많이 해오셨죠? 지금부터 열창 노래 대회를 시작하겠습니다."

드디어 멍멍이 선생님 사회로 노래잔치가 시작되었어요. 그런데 에이취! 에이취! 기침소리가 들렸어요. 곰돌이가 콧물을 흘리며 아프다고 칭얼댔어요.

"어머 우리 아기가 아프구나! 빨리 병원에 가야겠어."

옆에 있던 야옹이도, 삐약이도 콜록콜록 기침을 했어요. 갑자기 노래잔치장이 기침소리로 가득 찼어요. "아유, 큰일 났어요! 큰일이에요. 빨리 병원에 갑시다." 야옹이, 삐약이도 모두모두 동물병원에 왔어요.

"선생님 우리 삐약이가 많이 아파요. 빨리 치료해 주세요."

"음! 감기가 심하게 걸렸군요. 간호사 빨리 큰 주사기로 놔주세요."

그러자 삐약이가 큰 소리로 울기 시작했어요.

"안 돼요. 저희 삐약이는 주사를 무서워해요. 작은 주사기로 바꿔주시면 안 될까요?"

"간호사! 삐약이는 작은 주사기로 아프지 않게 놔주세요."

간호사는 의사선생님 말씀대로 삐약이가 아프지 않게 살짝 주사를 놨어요. 곰돌이 야옹이도 주사를 맞았어요.

주사를 맞고 집으로 돌아온 아기 동물들은 꿈나라에서 노래잔치를 하였답니다.

▶ 동요

동요

동물병원놀이

반주

♣ 놀이를 마무리하며

최근 반려견을 키우는 가정이 증가하면서 가정에서 강아지나 고양이를 키우는 유아들의 수가 늘어나고 있다. 그래서 동물병원 놀이는 반려동물을 키웠던 유아들의 경험을 바탕으로 놀이가 재구성되어 표현된다. 유아들은 동물병원놀이를 하면서 직접 동물병원을 꾸미기도 하였고 동물들의 약도 만들기도 하였다. 놀이 안에서 아픈 동물을 흉내 내기도 하였고 수의사가 되어 정성껏 치료하기도 하였다. 동물병원 놀이에서 가장 흥미롭게 관찰된 것은 유아들의 감정이입과 공감능력이다. 아픈 반려동물에게 감정이입이 되어 아픔과 고통을 애처로워하고, 정성껏 돌보려는 유아들의 마음이 놀이에서 엿보였다. 반려동물의 고통에 공감하고, 생명의 소중함을 알게 되는 놀이가 되었다.

16 마트놀이

1. 준비물

간판, 가방, 판매할 물건, 돈, 계산기, 시장 가방, 시장바구니, 카트 등

2. 전개

▶ 놀이의 시작

유아1 "어제 엄마랑 같이 마트에 갔는데 옷도 사고 신발도 사고 치킨도 샀다."

유아2 "나는 마트에 있는 시식 코너에서 만두랑 짜장면도 먹었다."

유아3 "마트에 가는 것은 정말 재미있어. 갖고 싶은 것, 먹고 싶은 것이 참 많아."

유아4 "그럼, 마트에 필요한 것들을 점토로 만들고, 마트놀이하자."

▶ 놀이의 발전

① 마트놀이에 필요한 간판과 가방, 소품을 만든다.

② 마트에 놓일 물건들에 각각 바코드를 붙여 물건을 진열하고, 계산하는 사람, 점원, 손님으로 나눈다.

③ 유아들이 직접 마트에서 필요한 물건들을 구매한다.

④ 유아들은 산 물건을 계산대에서 계산한다.

▶ 놀이의 확장

유아1   "마트놀이 너무 재밌었지."

유아2   "우리 백화점놀이도 할까?"

3. 지원활동

▶ 동화

　솔이와 향이는 귀여운 남매예요. 어느 날, 낮잠을 자고 있는데 마트요정이 나타나 솔이와 향이를 마트마을로 데려왔어요. 그곳엔 신기한 물건들로 가득했어요. 수족관마트에는 살아 있는 물고기들이 춤을 추기도 하고 눈을 뻐끔뻐끔 거리며 술래잡기도 했어요. 너무 신기해서 수족관에 손을 집어넣었어요. 그러자 물고기들은 솔이와 향이의 손을 놀이터 삼아 미끄럼틀을 타는 거예요.

　"아이 간지러워, 너무 간지러워서 놀 수가 없어."

　정육마트로 달려갔어요. 이번에는 송아지, 닭, 돼지들이 놀자며 달려들었어요. 너무 놀라 도망을 가다가 과자마트로 들어갔어요. 바스락거리는 소리와 함께 맛있는 냄새가 솔솔 풍겼어요.

　"과자 만드는 기계인가 봐." 살며시 손을 갖다 대자 우르르 과자가 쏟아져 나왔어요.

　"와! 과자다." 단숨에 과자를 먹었어요. 뱃속에 들어간 과자가 배를 찔러댔어요.

　"아이고 배야. 아이고 배야. 과자를 너무 빨리 먹었어."

　배가 아파 엉엉 울었어요.

"얘들아, 엄마랑 마트에 가자."

엄마가 깨우는 소리에 일어나 보니 꿈이었어요.

▶ 동요

동요

마트에 가면

반주

♣ 놀이를 마무리하며

유아들과 주말을 어떻게 보냈는지 이야기를 하다보면 많은 유아들이 가족들과 마트에서 장을 본 경험에 대해 이야기한다. 마트에 가는 것은 장보기가 주 목적이지만 유아들에게는 가족 나들이처럼 여겨지는 것 같다. 과거에는 시장놀이를 주로 했는데, 지금은 마트놀이가 보편화되었다. 시대의 흐름이 놀이에도 반영되는 것 같다. 마트놀이를 위해 유아들은 마트 이름을 정하고 유치원에 있는 물건들을 모아서 마트를 꾸몄다. 손님과 각 매장의 직원 등의 역할을 하며 마트에서 자신이 경험했던 것들을 놀이로 표현하였다.

⑰ 경찰관놀이

1. 준비물

경찰복장, 모자, 수갑, 전화, 자동차, 호루라기, 책상, 유치장, 소파 등

2. 전개

▶ 놀이의 시작

유아1   "어제 뉴스에서 경찰관이 나쁜 사람 잡아가는 것 봤다."

유아2   "그래? 나도 봤는데…."

유아3   "경찰관 아저씨가 너무 멋져 보였어. 나도 커서 경찰관이 될 거야."

유아4   "응, 나도 경찰관 되고 싶다. 우리 경찰관놀이 하면 너무 재밌겠다. 우리 경찰관놀이 하자."

▶ 놀이의 발전

① 편의점에 도둑이 든 것을 보고 유아는 경찰서(112)로 신고를 한다.

② 신고를 받고 경찰은 편의점으로 출동하여 범인을 잡는다.

③ 범인을 잡아 경찰서로 와서 범행동기를 묻는다.

④ 잘못이 있으면 유치장으로 보내고, 잘못이 없을 때는 집으로 보낸다.

⑤ 유치장으로 간 범인은 가족이나 친구들이 와서 면회를 한다.

⑥ 혼잡한 도로의 질서를 위해 교통경찰의 신호에 따라 움직인다.

▶ 놀이의 확장

경찰관놀이를 하다가 경찰학교로 확장하였다.

3. 지원활동

▶ 동화

검은 안경을 쓴 이상한 아저씨가 현아를 차에 태워 가려고 했어요. 현아는 주머니에서 호루라기를 꺼내 '휙~' 하고 불었어요. 그 소리를 듣고 경찰관이 뛰어왔어요. 그리고는 아저씨의 손에 수갑을 채워 경찰서로 데리고 갔어요. 현아가 너무 놀라 쓰러지자 경찰관은 현아를 경찰서로 데리고 왔어요. 연락을 받은 현아부모님이 경찰서로 왔어요.

"현아야! 얼마나 놀랐니?"

"엄마, 아빠, 호루라기가 있어서 다행이었어요. 호루라기 소리를 듣고 경찰관이 구해주셨어요."

현아 부모님은 경찰관께 감사 인사를 드렸어요.

그때, 전화벨이 울렸어요.

"여보세요? 친절한 경찰서지요?"

"예! 무엇을 도와드릴까요?"

"편의점에 도둑이 들었어요. 빨리 와 주세요."

'애앵-' 소리를 내며 편의점으로 달려갔어요. 현아네 가족도 편의점으로 따라 가보

앉어요. 편의점 주인은 밧줄로 꽁꽁 묶여 있었어요.

경찰관은 묶인 밧줄을 풀어 안정시켜드리고 도둑을 데리고 경찰서로 갔어요.

현아네 가족은 편의점에서 현아의 오빠를 만났어요.

"제가 편의점 옆을 지나가다가 도둑을 보고 112로 전화를 했어요."

현아는 오빠가 자랑스러웠어요. 오늘은 사건이 참 많은 날이네요.

▶ 동요

동요

경찰관꿈을키워요

내 맘 속 에 간 직 해 온 꿈 이 있 어 요

정 의 롭 구 요   용 감 하 지 요

내 맘 속 에 간 직 해 온 꿈 이 자 라 요

멋 진 경 찰 관   꿈 을 키 워 요

반주

♣ 놀이를 마무리하며

장래희망으로 경찰관을 꼽는 유아들이 많다. 과거에는 경찰관은 남자유아들의 희망 직업 전유물이었는데 최근에는 경찰관을 희망하는 여자유아들이 늘어나고 있다. 경찰관 놀이는 한 유아가 텔레비전의 드라마에서 본 경찰관의 이야기에서 시작되었다. 그 후 유아들은 신고 받고 출동하는 경찰의 모습, 분쟁 상황에서 사람들을 중재하는 경찰관의 모습, 사고 현장을 수습하는 경찰관의 모습을 놀이에서 표현했다. 유아가 세상을 알아가는 데 더 이상 가르치거나 주입하여 교육하는 시대는 지났다. 놀이를 통해 자연스럽게 직업에 관심을 갖게 되고, 하는 일에 대해 알게 되어 놀이로 표현하게 되는 일련의 과정에서 보듯이 유아는 놀면서 배우고 놀면서 세상을 알아간다.

18 소방관놀이

1. 준비물

소방관 복장, 전화, 자동차, 호루라기, 책상, 미끄럼틀, 소화기, 집모양틀 등

2. 전개

▶ 놀이의 시작 – 소방관 이야기

유아들이 화재 대비 훈련을 하고 나서 '진짜 불이 나면 어떻게 하지?' 하는 걱정과 의문이 생겼다.

유아   "걱정하지 마! 불이 나면 먼저 119로 신고하면 돼."

유아2   "우리 엄마가 갑자기 아프셔서 119로 전화했는데 구급차가 왔었어."

유아3   "맞아, 119로 전화하면 소방차도 오고 구급차도 와."

유아   "앵앵~, 우리 소방관놀이 하지 않을래?"

옆에 있던 유아들이 재미있겠다면서 유치원에 있는 소방차를 가지고 왔다.

▶ 놀이의 발전 – 소방관놀이

① 유아는 불이 났다고 소방서(119)로 신고를 한다.

② 소방관은 신고를 받고 불이 난 곳으로 출동한다.

③ 불이 난 곳에 도착하여 불을 끈다.

④ 부상당한 환자를 싣고 병원으로 이동한다.

▶ 놀이의 확장

소방관놀이를 통해 물 호스 만들기, 소방도로 만들기 등으로 연결하였다.

3. 지원활동

▶ 동화

"여보세요. 119죠? 여기 아파트 입구에 있는 웅덩이에 아이가 빠졌어요. 빨리 오셔서 구해주세요." 소방관이 전화를 받자마자 앵앵앵 사이렌 소리를 울리며, 아파트 입구에 있는 웅덩이로 갔어요. 사다리를 타고 내려가 울고 있는 아기를 구해 병원으로 갔어요. 소방서로 들어서는데 또 전화벨이 울렸어요.

"여보세요. 119죠? 시장에 불이 났어요."

"삐용 삐용 삐용 비켜나세요. 시장에 불이 났답니다. 빨리 불을 끄러 가야 해요."

앞에 있는 차들이 모두 옆으로 비켜섰어요. 시장에 도착한 소방관들은 불을 끄기 시작했어요.

"콜록콜록. 살려주세요. 여기에요. 여기."

소방관은 사람을 구하러 얼굴을 가리고 불속으로 뛰어 들어갔어요. 다행스럽게 많이 다치지는 않았어요. 얼른 부상자를 구급차에 실어 병원으로 보냈어요. 그러는 사이에 불은 더 많이 번졌어요. 소방관들은 있는 힘을 다해 불을 껐어요. 불줄기가 조금씩 줄어

들면서 마침내 불이 꺼졌어요. 소방관의 몸은 땀으로 가득 찼지만, 화재를 막을 수 있어서 매우 기뻤답니다.

▶ 동요

우리 아빠는 소방관

우 리 우 리 아 빠 는 소 방 관 이 에 요

세 상 에 서 제 일 용 감 한 분 이 죠

출 동 복 에 헬 멧 과 마 스 크 를 쓰 고

위 험 속 의 사 람 을 구 조 해 주 지 요

반주

♣ 놀이를 마무리하며

유아들의 소방관놀이를 관찰하니, 그들의 화재상황에 대한 대처 상식이 풍부함을 느꼈다. 아마도 유치원에서 배운 재난상황에 대한 안전교육의 효과인 듯하다. 소방관놀이를 할 때도 상품화된 놀이용품 이외에도 교실에서의 일상의 물건들을 활용하여 구급차, 소방차 등을 만들어 놀이에 사용하였다. 매트와 자동차를 연결한 구급차는 아픈 사람을 실어오기에 꽤 적당했다. 유아들은 놀이에 몰입하여 화재 상황에서의 긴박한 상황들을 제법 리얼하게 표현하였다. 역할놀이의 교육적 가치에 걸맞게 역할을 통해 자신이 알고 있는 상식과 지식을 구조화하여 역할로 분해서 표현한 것이다.

19 유튜버놀이

1. 준비물

컵, 시계, 마이크, 비디오카메라, 모형 케이크, 모형 음식, 마이크, 유튜브 방송에 필요한 여러 가지 소품 등

2. 전개

▶ 놀이의 시작 - 유튜브 소개

유아들이 좋아하는 유튜브를 소개하고 보면서 그 유튜브 속의 주인공이 되보는 시간을 가졌다.

유아   "유튜브 속에 들어가 보고 싶다."

유아2   "우리 유치원이 유튜브 방송국이면 좋겠다."

유아   "우리가 유튜브 방송국을 만들면 어떨까?"

유아3   "좋아 아주 좋은 생각이야! 선생님! 우리 유튜버놀이 하고 싶어요."

유아들이 유튜브 방송국을 만들어 유튜버놀이를 계획하였다.

▶ 놀이의 발전 - 유튜버놀이

① 컵 쌓는 방법을 서로 다른 방법으로 친구들에게 소개하는 모습을 동영상으로 만들어 유튜브에 올린다.

② 먹방 유튜버가 되어 음식을 맛있게 먹는 모습을 동영상으로 만들어 유튜브에 올린다.

③ 오늘의 요리로 요리하는 모습을 동영상으로 만들어 유튜브에 올린다.

④ 가수가 되어 노래하는 장면을 동영상을 만들어 유튜브에 올린다.

▶ 놀이의 확장

유튜버가 되어 동영상을 촬영한다.

3. 지원활동

▶ 동화

손오공은 세상에 재미있는 일, 신나는 일, 행복한 일들을 찾아 길을 떠났어요.

"찌라찌라찌라 찡찡찡"

찡찡찡 아줌마가 노래를 부르고 춤도 추면서 한강을 건너고 있었어요.

손오공은 너무나 웃겨서 찡찡찡 아줌마를 동영상으로 찍어 유튜브에 올렸어요.

많은 사람들이 손오공이 올린 유튜브 동영상을 보고 "좋아요!"를 눌러주었어요.

손오공은 열심히 동영상을 찍어 유튜브에 올렸죠. 신비한 세상 구경을 하는 사람들은 "좋아요!" 하고 꾹 눌러주었어요.

손오공은 양탄자를 타고 날아가면서 더 재미있는 신비한 세상들의 모습들을 찾아보았어요. 그런데 뚱보아저씨와 홀쭉이아줌마의 모습이 바뀌고 있었어요.

마술가루가 날아가다가 뚱보아저씨한테 붙으면 홀쭉이아줌마로 변하고 홀쭉이아줌마한테 붙으면 뚱보아저씨로 바뀌는 것이었어요.

"와! 신기한 걸. 꼭 마술을 보는 것 같아"

손오공은 그것을 찍어 유튜브에 올렸어요. 사람들은 뚱보아저씨와 홀쭉이아줌마를 찾는 것이 너무 재미있어 "좋아요!"를 꾹꾹 눌렀어요.

꾹꾹 눌러주는 사람들에게 감사한 마음으로 손오공은 오늘도 재미있고 이상한 이야기 거리를 열심히 찾아다니고 있답니다.

▶ 동요

유튜버놀이

동요

반주

♣ 놀이를 마무리하며

최근 유아들에게 뜨거운 관심을 받고 있는 놀이가 유튜버놀이다. 일상생활에서 인터넷 사용이 보편화되면서 유아들도 핸드폰이나 테블릿을 통해 각종 유튜브 채널의 동화, 동요, 게임 등을 쉽게 시청할 수 있게 되었다. 유아들은 유튜버놀이에서 요리, 노래, 게임 등을 하는 유튜버 흉내를 내며 놀이를 하였다. 유튜버놀이는 **빠르게 변화하는 1인 미디어시대를 반영하는** 놀이이다. 유튜버라는 새로운 직업에 대해 흥미와 호기심이 높은 이 상황에서, 교실 현장에서 다양한 콘텐츠를 어떻게 활용하는 것이 유아들의 흥미를 충족시키면서도 교육적으로 발달에 적합한 것인지 고민하게 되는 놀이이다.

⑳ 공사장놀이

1. 준비물

자석 블록, 공사장 표시판 4개, 줄자, 공구세트, 작업복, 안전모자, 건물 설계도 등

2. 전개

▶ 놀이의 시작 – 설계도 그리기

목공놀이에서 길도 만들고 건물도 조립하고 놀고 있었다.

유아   "우리 집 앞에 아파트 짓는데 사람들이 많이 일한다."

유아2   "사람들이 무슨 일을 하는데?"

유아   "지게 지고 다니는 사람도 있고, 뭔가 바르는 아저씨들도 있어."

옆에서 듣고 있던 유아들이 대답했다.

유아2   "공사장에서 일하는 거야." 아파트를 그리면서

유아   "우리 공사장 놀이하자"고 하면서 안전모를
        가져 왔다.

▶놀이의 발전 – 공사장 놀이

① 공사를 시작하기 전에 무슨 공사를 해야 하
   는지 이야기를 나눈다.

② 아파트와 놀이터를 만들겠다고 결정하고,
   먼저 설계도를 그린다.

③ 아파트와 놀이터의 설계도를 그린 후 설계도
   의 그림에 맞게 필요한 것들을 이야기한다.

④ 아파트와 놀이터를 짓기 위해 공사 현장에
　서 일을 한다.

⑤ 각자 맡은 분야에서 할 일을 한다.(측량, 벽돌
　나르기, 망치 사용하기 등)

⑥ 건물 짓는 것을 확인하면서 부족한 것들을
　보완한다.

▶ 놀이의 확장

아파트, 놀이터를 만들고 나서 도서관, 병원 등
을 설계하여 공사장놀이를 연장하였다.

3. 지원활동

▶ 동화

온유는 아빠 차를 타고 할머니 댁에 가는 길이었어요.

그런데 여기저기 바리케이드가 길을 막고 있는 게 보였어요.

"아빠! 저기는 왜 길을 막고 있어요?"

"공사를 하고 있구나."

온유는 아저씨들이 무슨 일을 하는지 무척 궁금했어요.

"아빠! 무슨 일을 하시는 거예요?"

"집도 짓고, 높은 아파트도 짓고, 길도 만들고 커다란 빌딩을 짓는 거야."

온유는 공사장에서 일하시는 모습을 열심히 바라보며 할머니 댁으로 갔어요.

다음날 온유는 친구들과 함께 공사장 놀이를 했어요.

어떤 공사를 해야 할지 친구들과 함께 생각했지요.

"난 살기 좋은 아파트를 짓고 싶어." 정민이가 말했어요.

용수는 "난 놀이터를 만들고 싶어."

친구들은 다함께 아파트와 놀이터를 짓기로 했어요.

먼저 아파트와 놀이터의 설계도면을 그리기로 했어요.

－ 아파트, 주차장, 놀이터, 정원, 쓰레기장, 관리사무소 －

설계도면을 다 그리자 친구들에게 역할을 나누어 공사를 시작했어요.

한쪽에서는 벽돌을 만들고, 만든 벽돌을 날라 벽을 쌓았어요. 또 다른 한쪽에서는 망치로 기둥을 세웠어요.

아름답고 편한 집과 신나게 놀 수 있는 놀이터를 생각하니 너무나 신이 났어요.

▶ 동요

공사장 일하는 자동차

공사장에 자동차가 일하고있죠

굴착기는 쿵쿵쿵쿵 땅을파지요

덤프트럭 흙을실어 나르고있죠

크레인은 무거운짐 올려주지요

♣ 놀이를 마무리하며

공사장에는 신기한 장비와 설비들이 있고 특수한 기능을 가진 자동차들이 많다. 굴착기, 레미콘자동차, 덤프트럭 등은 유아들의 흥미와 관심을 끌기에 충분하다. 마침 유치원 주변에 아파트 건설 공사가 몇 해 째 진행되고 있어서 유아들의 공사장 놀이에 대한 관심은 지속되고 있었다. 유아들은 공사 현장에서 보았던 경험들을 이야기하며, 교실에 제공된 자동차들을 비롯해서 각종 블록 등의 놀잇감을 이용하여 공사장을 조성하고 공사장 놀이를 하였다. 유아들은 서로 역할을 나누고 역할에 충실하게 의사소통하며 놀이를 마무리하였다. 추후 특수한 기능을 가진 자동차, 공사장 시설 설비 놀잇감을 준비하여 유아에게 제공해야겠다. 앞으로 놀이가 더 어떻게 발전될 지 기대된다.

21 네일아트놀이

1. 준비물

네일아트 간판, 간판 만들 머메이드 2장, 색종이, 풀, 가위, 어린이용 매니큐어, 어른용 매니큐어, 스티커 매니큐어, 책상, 거울

2. 전개

▶ 놀이의 시작 - 매니큐어 너무 예뻐

유아들이 즐겁게 놀다가 매니큐어 칠한 친구를 보고

유아1   "어머, 손톱에 매니큐어 칠했네." 매니큐어 칠한 손톱을 보고 다른 유아도

유아2   "어디? 어디?" 하면서 매니큐어에 관심을 보였다.

유아3   "우리 집에도 매니큐어 있다."

유아4   "우리 집에도 있어."

다른 유아들도 엄마가 매니큐어를 네일숍에 가서 바르고 왔다고 이야기를 하였다.

▶ 놀이의 발전 - 네일아트놀이

① 유아들은 네일숍에 붙일 간판과 소품을 만든다.

② 유아들이 네일숍 소품을 이용하여 네일아트 코너를 꾸민다.

③ 매니큐어를 진열하고 매니큐어의 특성을 탐색한다.

④ 매니큐어를 직접 발라보고 친구도 발라 준다.

⑤ 손님과 고객이 되어 손톱을 예쁘게 꾸며준다.

⑥ 손님과 고객을 바꿔서 한다.

▶ 놀이의 확장

스티커에 매니큐어를 발라 손톱모양으로 잘라
서 스티커 네일아트를 하였다.

3. 지원활동

▶ 동화

유리는 엄마, 이모와 함께 백화점에 쇼핑을 갔
어요.

백화점에는 신기한 물건들로 가득 차 있었어요. 옷도 사고 구두도 사고
맛있는 빵이랑 주스도 마셨어요. 그런데 이모 손톱을 보니 보석이 달려 있는 거예요.

"이모 손톱에 보석이 달렸어요. 보석이 어떻게 손톱에 붙어있어요?"

"매니큐어를 바르면서 보석을 붙인 거야."

이모는 무척 신기해하는 유리에게 손톱을 보여주며 말했어요.

"이모, 나도 이모 손톱처럼 알록달록 예쁜 손톱을 갖고 싶어요."

모두 '알록달록 네일아트' 가게로 갔어요.

네일아트가게 이모가 웃으며 내 손톱을 바라보았어요.

"어쩜 손톱이 이렇게 귀엽고 예쁘니? 여기서 매니큐어 색깔을 골라보렴."

네일아트 이모는 어린이용 매니큐어가 담긴 바구니를 가져와 보여주었어요.

바구니 속 매니큐어는 참 예뻤어요. 빨간색, 보라색, 노란색, 분홍색….

유리는 분홍색 매니큐어와 노란색 매니큐어를 골랐어요.

"이모! 이 색깔로 발라주세요."

네일아트 이모는 매니큐어를 예쁘게 발라주었어요. 너무나 재미있고 예뻤지요.

"엄마! 나 내일 친구들하고 네일아트놀이 하고 싶어요."

엄마는 웃으시면서 어린이용 매니큐어를 사주셨어요.

매니큐어를 가방에 넣고 자리에 누웠어요.

"빨리 내일 아침이 왔으면…"

유리는 예쁜 손톱을 만지작거리다 잠이 들었어요.

▶ 동요

동요

네일아트놀이

손 톱 에 멋 진 모 양 그 려 요

손 톱 에 예 쁜 색 깔 칠 해 요

손 톱 에 보 석 을 장 식 해 요

어 때 요 정 말 - 예 쁘 죠

반주

♣ 놀이를 마무리하며

유아들은 어른 흉내 내기를 즐겨한다. 특히 여자유아들은 역할영역에서 엄마 구두를 신고 화장을 하는 흉내를 내며 치장하는 것을 좋아한다. 최근 유아들이 관심을 갖는 치장 놀이가 바로 네일 아트놀이이다. 유아들은 네일아트 숍을 만들기 위해 간판을 만들어 붙이고 손톱모양으로 숍 광고를 하였다. 어린이용 매니큐어를 놔두었더니 직접 발라주고 지우면서 놀이를 즐겼다. 유아들이 주도적으로 놀이를 계획하고 실행하였으며, 놀이에 참여한 유아들은 다양한 색감에서의 취향과 선호도를 표현하면서 심미적 감각을 뽐내기도 하였다. 최근의 트렌드를 반영한 재미있는 놀이였다.

22 우체국놀이

1. 준비물

우체국 건물을 만들 소품, 우체부 복장, 우체부 가방, 편지, 우표, 택배물건, 여러 가지 표시 마크(편지 부치는 곳, 택배 보내는 곳, 우체국 이름 등), 우체국 소인 스탬프 등

2. 전개

▶ 놀이의 시작

유치원 현관에 놓인 택배 물건들을 보고 유아들이 이야기를 시작하였다.

유아1   "우리 엄마가 제일 반가워하는 사람이 택배기사님이다."

유아2   "우리 집이랑 똑같네, 아침에 택배기사님이 갖다 준 음식으로 밥을 먹고 왔어."

유아1   "우리 식구들은 다 택배로 물건을 사."

유아3   "택배를 어떻게 주문하는데?"

유아1   "우리 엄마는 우체국으로 가시기도 해."

유아3   "우체국은 편지를 보낼 때 가는 곳 아니야?"

옆에 있던 유아들에게 우체국은 편지도 보내고 택배도 보내는 곳이니 우체국놀이 하자고 제안을 하였다.

▶ 놀이의 발전 - 우체국놀이

① 유치원에 여러 가지 소품을 이용하여 우체국 건물을 꾸민다.

② 우체국에서는 편지를 부치거나 물건을 보

내기 위해 번호표를 받고 차례를 기다린다.

③ 차례가 오면 우표를 사서 봉투에 붙이고 우편번호를 써서 우체통에 넣는다.

④ 집배원아저씨는 모아놓은 편지를 배달가방에 넣고, 주소를 찾아 편지를 배달한다.

⑤ 택배 물건을 보낼 때는 보내는 사람과 받는 사람의 주소, 이름, 전화번호를 적어 택배를 보낸다.

⑥ 택배기사님은 택배물건들을 차에 싣고, 받는 사람 주소를 찾아 배달한다.

▶ 놀이의 확장

홈쇼핑에서 물건을 사고 파는 놀이, 그리고 택배놀이로 확장되었다.

3. 지원활동

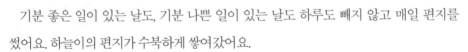

▶ 동화

하늘나라에 사는 하늘이는 땅나라에 사는 땅이에게 편지를 썼어요.

기분 좋은 일이 있는 날도, 기분 나쁜 일이 있는 날도 하루도 빼지 않고 매일 편지를 썼어요. 하늘이의 편지가 수북하게 쌓여갔어요.

구름이가 그것을 보고 친구들과 의논을 했어요.

"하늘이가 땅나라 땅이에게 편지를 썼는데, 보낼 수가 없어서 쌓여가고 있어. 좋은 방법이 없을까?"

보슬비가 "무지개에게 편지를 배달시키면 어떨까요?" 하는 의견을 말했어요.

보슬비의 말을 들은 무지개는 이렇게 대답했어요.

"보슬비가 나를 태워 땅나라에 데려다주면 제가 편지를 전해 줄게요."

모두들 좋다고 박수를 쳤어요.

보슬비가 무지개를 태우고 땅나라에 내려갈 시간이 되었어요.

"하늘아! 내가 땅이에게 편지를 전달해줄게." "고마워!"

무지개는 우체부가 되어 보슬비를 타고 땅나라로 내려갔어요.

하늘이가 보낸 편지를 건네주자 땅이는 땅에서 나온 맛있는 열매를 바구니에 담아주었어요. 열매바구니를 든 무지개는 바람열차를 타고 하늘로 올라갔지요.

▶ 동요

택배기사님께

♣ 놀이를 마무리하며

우체국의 주요기능이 우편배달에서 금융, 택배업으로 바뀌면서 유아들의 놀이에도 변화가 왔다. 의외로 유아들이 우체국에 가 본 경험이 별로 없었다. 그 대신 집으로 오는 택배를 받아본 경험을 많이 이야기 했다. 덕분에 놀이의 방향이 우편배달에서 택배놀이로 자연스럽게 전환되었다. 배달하는 유아가 택배를 배달하니 물건을 받은 유아는 "내가 기다리고 기다리던 택배가 왔다"며 환호성으로 물건 받을 때의 기쁨을 나타내었다. 택배놀이 후 소감을 묻는 교사의 질문에 유아들은 택배기사님이 힘들 것 같다는 이야기와 택배기사님께 감사하다는 말을 하였다. 놀이한 보람이 느껴지는 순간이었다.

23 캠핑놀이

1. 준비물

텐트, 캠핑용 의자, 식탁, 그릇, 낚시도구, 여러 가지 장난감, 클레이, 나무젓가락, 도화지, 크레파스 등

2. 전개

▶ 놀이의 시작 - 캠핑

유아1   "주말에 가족과 함께 캠핑 갔다 왔다."

유아2   "캠핑이 뭐야?"

유아1   "집이 아닌 곳에 가서 텐트치고 음식도 먹고 잠도 자는 거야."

유아2   "재미있겠다. 나는 한 번도 캠핑을 가보지 않았어."

유아1   "그래 그러면 우리 유치원에서 캠핑놀이 해볼래?"

캠핑 놀이 한다는 이야기에 유아들이 신기해하면서 하나 둘 모여들었다.

▶ 놀이의 발전 - 캠핑놀이

① 캠핑에 필요한 소품들을 그림으로 그리거나 만든다.

② 클레이로 고기나 소시지를 만든 것을 숯불에 굽는다.

③ 캠핑장이 바다나 산에 있다고 생각하고 낚시도 하고 나물도 캔다.

④ 텐트를 치고 그 안에서 쉬기도 하고, 잠도 잔다.

⑤ 친구들과 함께 맛있는 음식을 만들어 먹는다.

⑥ 배역을 바꾸어서 다시 한 번 해본다.

▶ 놀이의 확장

캠핑을 소개하는 포스터를 만들어서 캠핑장을 알렸다.

3. 지원활동

▶ 동화

종익이는 캠핑 가는 것을 참 좋아했어요.

"아빠, 엄마! 우리 캠핑가요."

"그래, 어디로 가면 좋을까?"

"낚시도 하고 불놀이도 하고 고기도 구워먹을 수 있는 곳으로 가요."

"그래, 그럼 이번 주 토요일에 캠핑 가자꾸나. 캠핑 갈 때 필요한 물건이 뭐가 있을까?"

종익이는 엄마, 아빠와 함께 텐트, 야외용 돗자리, 캠핑용 의자, 침낭, 식탁, 베개, 그릇 등을 준비했어요.

"엄마! 캠핑 가는데 필요한 물건이 참 많네요."

"그럼, 집에서 사용하는 물건들이 캠핑 가서도 필요하니까 그런 거야. 밥도 먹고 과일도 먹고 차도 마셔야 하니까 준비할 것이 많지."

드디어 토요일이 되었어요. 종익이는 가족과 함께 강화도로 캠핑을 갔어요.

캠핑 온 사람들이 참 많았어요. 온 가족이 음식을 만들어 먹고 아빠의 기타소리에 맞춰 노래도 부르고 캠프파이어도 하니 별세상에 온 것처럼 너무 행복했어요. 종익이는 엄마, 아빠의 손을 꼬옥 잡고 텐트 안에서 달콤한 꿈나라로 날아가 멋진 꿈을 꾸었습니다.

▶ 동요

캠핑장에서

동요

캠핑장에서 놀이를하면 정말재-밌-답니다

캠핑장에서 밥을 먹으면 정말맛-있-답니다

캠핑장에서 노래를부르면 정말 즐-겁-답니다

하늘도바람도 새들도나무도 정말 즐-겁-습니다

반주

♣ 놀이를 마무리하며

캠핑 인구가 늘어나면서 유아들도 가족들과 캠핑했던 경험을 이야기 하는 경우가 많아졌다. 유아들은 캠핑놀이에 필요한 캠핑도구를 이용하고, 캠핑에 다녀온 경험을 바탕으로 놀이를 이어나갔다. 텐트를 쳤던 경험, 고기를 구워먹었던 경험 등 자신의 경험들을 놀이로 재구성하여 표현하였다. 캠핑은 숲, 계곡, 강가 등 자연에서의 경험이다. 그리고 그 시간은 다른 어떤 것도 신경 쓰지 않고 가족들과 함께 온전히 맛있게 먹고 즐기며 놀이할 수 있는 기회이다. 그래서 유아들은 캠핑에서의 기억을 행복한 기억으로 생각하는 듯하다. 자연에서의 경험과 추억을 통해 유아들은 즐거움도 키우고 감성도 키워나갈 것이다.

24 미용실놀이

1. 준비물

미용실 간판, 색 머메이드, 색종이, 장식용품, 가위 풀, 미용세트(가위, 빗, 드라이 파마도구, 고데기 등) 거울, 소파, 의자 등

2. 전개

▶ 놀이의 시작 - 다양한 머리

잡지에서 여러 가지 사물과 사람 오리기를 하고 있었다.

유아1   "애들아, 이 사람 머리가 이상해."

유아2   "어디? 어디?"

유아3   "라면 머리 같아."

유아1   "이 머리는 도깨비머리다."

유아2   "머리 모양은 어떻게 만들까?"

유아3   "미장원에 가면 원하는 머리를 만들어 주지."

잡지에 있는 머리 모양을 보고 이야기하는 중에 다른 유아가 미용실놀이세트를 가지고 왔다.

▶ 놀이의 발전 - 미용실놀이

① 유아들은 미용실 간판을 만든다.

② 유아들은 미용실을 꾸미고 손님과 미용사로 나눈다.

③ 미용사는 손님이 요구한 대로 미용기구를 통해 커트, 드라이, 파마를 한다.

④ 거울을 보고 변화된 모습을 확인한다.

▶ 놀이의 확장

커트미용실, 파마미용실, 드라이미용실, 고데 미용실, 염색 미용실이 있는 미용실마을
을 꾸몄다.

3. 지원활동

▶ 동화

세아는 엄마와 함께 미용실에 갔어요. 미용실 원장님이 여러 가지 머리 모양의 카탈
로그를 보여주며 어떤 머리 모양을 원하냐고 물었어요. "귀엽고 깜찍하게 잘라주세요"
하고 말씀을 드렸더니, 원장님은 열심히 머리를 잘랐어요. 깜찍하고 귀여운 세아를 보
며 "아주 맘에 들어요" 하며, 세아의 머리를 토닥토닥 했답니다.

이번에는 엄마가 거울 앞 의자에 앉아 "원장님! 요즘 유행하는 머리로 만들어 주세
요!"라고 했답니다.

"이 머리는 얼굴이 커 보이고, 이 머린 얼굴이 네모나게 보이고 이 머리는 나이가 들
어 보이네요."

"음~ 어떤 머리로 할까요?" 엄마의 고민에, 원장님은 "파마를 하면 고상하고 멋진 왕
비님처럼 보일 거예요" 하셨어요.

엄마가 "그럼, 예쁘게 해주세요" 하자, 원장님은 예쁘게 파마를 말아주었어요.

"제 머리가 라면 머리가 되었어요. 맛있게 라면을 먹어야겠네요. 호호호."

엄마와 함께 집으로 돌아온 세아는 방으로 달려가 머리빗, 가위, 헤어롤을 꺼냈어요.

왜냐구요? 오늘은 세아가 미용실 원장님이 될 거거든요.

▶ 동요

♣ 놀이를 마무리하며

미용실놀이는 역할놀이에서 빠지지 않는 놀이이다. 미용실에 가보지 않은 유아들이 거의 없고 커트뿐만 아니라 펌을 경험한 유아들도 있어서, 멋 내고 치장하는 미용실놀이를 매우 좋아한다. 유아들은 또 다른 측면에서도 관심을 보였다. 유아들은 헤어디자이너라는 직업에 큰 흥미를 느끼는 듯했다. 손님보다 헤어디자이너 역할을 하고 싶어하는 유아들이 많았고, 놀이를 하면서 나중에 커서 헤어디자이너가 되고싶다는 이야기를 하는 유아도 있었다. 놀이경험은 유아들의 장래의 꿈에도 영향을 미친다.

25 낚시놀이

1. 준비물
큰 대야 1개, 낚싯대 2개, 자석 붙인 물고기 40개 이상, 각종 조개껍질, 물풀 등

2. 전개

▶ 놀이의 시작 - 블록 물고기

블록으로 좋아하는 것들을 만들면서 놀고 있었다.

유아1   "자동차를 타고 할머니집에 갑니다."

유아2   "나도 태워 줘."

유아3   "어머 이건 뭐야? 물고기 같아!"

유아1   "어디? 정말 물고기 같은데…."

물고기가 헤엄친다는 소리를 듣고 유아들이 모여들었다.

유아1   "물고기가 어디 있어?"

블록으로 물고기도 만들고 어항도 만들고 연못도 만들었다.

▶ 놀이의 발전 - 낚시놀이

① 두 팀으로 나눈다. 물고기를 잡고 다음 차례 유아에게 낚싯대를 넘긴다.

② 낚싯대를 넘겨받은 유아는 낚시를 한다. 낚시를 할 때 서로 박수를 치면서 격려한다.

③ 반복해서 낚시를 한다.

④ 물고기를 다 잡고 난 뒤 낚시한 물고기 수를 센다.

⑤ 물고기가 많은 쪽이 이기며 이긴 팀에게 박수를 쳐주고 진 팀에도 잘했다고 박수로 서로 격려를 한다.

▶ 놀이의 확장

낚시놀이를 마친 후 물고기를 윷으로 하여 윷놀이를 하였다.

3. 지원활동

▶ 동화

비가 오고 난 뒤 집 앞 놀이터에 웅덩이가 생겼어요.

"야! 여기 조그만 연못이 생겼어. 우리 여기에다 물고기를 넣어주자."

선민이가 좋아서 방방 뛰면서 놀이터에서 놀고 있는 친구들을 불러 모았어요.

"어디? 어디?" 궁금해진 친구들이 한 명 두 명 모이기 시작했죠.

"물고기가 없는데 무슨 연못이야?" 창식이가 시시하다는 듯 말을 했어요.

"그럼, 우리가 물고기를 만들어서 연못에 넣어 주자."

친구들은 좋다고 하면서 물고기를 열심히 만들었어요.

그리고 오리고 잘라서 정말 예쁜 물고기들을 연못 속에 넣었어요.

알록달록 물고기가 여기 저기 헤엄치고 있는 것으로 보였어요.

"얘들아, 우리 낚시놀이 하자."

"좋아, 좋아. 그런데 어떻게 낚시놀이를 하지?"

손으로 잡자, 그물로 잡자, 어망을 만들자, 낚싯대로 잡자 등 의견이 다양했어요.

친구들이 의논하는 동안에 햇빛에 비치는 물고기는 금빛 물고기, 은빛 물고기로 변하기 시작했어요.

▶ 동요

낚시하러왔어요

오 늘 우 리 는 낚 시 하 러 왔 어 요

푸 른 하 늘 과 맑 은 강 물 좋 아 요

우 리 아 빠 낚 싯 대 를 휙 - 던 지 면

마 음 설 레 며 두 근 두 근 하 지 요

♣ **놀이를 마무리하며**

바닷속꾸미기 미술활동의 결과물들을 가지고 유아들과 낚시놀이를 하였다. 바닷속 물고기와 각종 조개류 등을 만들거나 그림을 그린 후 낚시터를 꾸몄다. 그리고 낚시꾼들의 물고기 낚시흉내를 내는 역할놀이를 재미있게 하였고, 낚시로 물고기 낚기 게임도 하였다. 낚시를 주제로 미술놀이, 역할놀이, 게임까지 풍부하게 놀이가 이루어졌다 유아들의 흥미와 참여도 또한 매우 높았다.

26 패션쇼놀이

1. 준비물

색종이, 풀, 가위, 사인펜, 여러 가지 소품을 만들 수 있는 재료, 풍선, 테이프, 본드, 구슬, 방울, 패션쇼 런웨이 음악, 미러볼 4개

2. 전개

▶ 놀이의 시작 – 불꽃놀이

유아1   "어제 밤에 우리 아파트 앞에서 불꽃놀이 했다."

유아2   "우리 집 근처에서도 불꽃놀이 했는데…."

불꽃놀이를 본 유아들은 신이 나서 본 모양을 흉내 내며 춤을 추면서 표현하였다.

유아3   "불꽃놀이에서 반짝 반짝 빛나는 불꽃을 보니까 엄청 기분이 좋았어."

한 유아가 미러볼을 가지고 와서 유아들도 비추고 천장도 비추어 주었다.

미러볼을 가지고 신나게 놀고 있는데 교사가 신나는 음악을 틀어주니 더욱 신나게 춤을 추며 놀았다.

▶ 놀이의 발전 – 패션쇼놀이

① 패션쇼에 필요한 의상과 액세서리, 소품을 만든다.

② 풍선을 이용하여 패션쇼 무대를 꾸민 후 조명을 설치한다.

③ 패션쇼 런웨이 음악에 맞춰 무대를 걸어와 중앙에서 포즈를 취한다.

④ 반별로 모델들이 한꺼번에 나와 음악에 맞춰 포즈를 취한다.

⑤ 관객들과 함께 음악에 맞춰 춤을 추면서 패션쇼를 한다.

▶ 놀이의 확장

패션쇼를 마치고 풍선과 미러볼을 이용하여 불꽃놀이로 이어졌다.

3. 지원활동

▶ 동화

내일은 패션쇼가 열리는 날이에요.

"애들아, 패션쇼를 하려면 모델이 필요한데 누가 할까?"

선생님의 말에 친구들은 서로서로 모델을 하겠다고 했지요.

"모델이 되려면 걸음도 음악에 맞춰 걸어야 하고 멋진 포즈도 취해야 해."

친구들은 모두 걸음 연습을 하기로 했어요.

"그럼 먼저 어떤 옷을 입을지, 어떤 액세서리를 할지 생각해보고 소품들을 만들어 오기로 해요. 자기가 필요한 소품을 만들어도 되고 친구에게 줄 소품을 만들어도 됩니다."

선생님 말씀을 듣고 유나는 진희에게 선물 할 예쁜 팔찌를 만들었어요. 다른 친구들도 머리띠, 왕관, 가방과 부채 등 여러 가지 소품을 만들었어요. 세상에 하나밖에 없는 소품을 만들고 나자 내일이 기다려졌어요. 소울과 세리는 자기가 가장 좋아하는 옷을 입고 오겠다고 생각했어요.

드디어 패션쇼가 열리는 날이에요. "지금부터 패션쇼를 시작하겠습니다."

모두들 환호성을 치며 자기가 가장 멋진 포즈를 취하겠다고 생각했어요. 친구들은 자기 차례가 되자 음악에 맞춰 멋진 폼으로 걸었어요. 이 세상에 하나밖에 없는 포즈를 취하면서요.

"어때요? 내 모습~ 정말 멋지지요?" 모두 이렇게 말하는 것 같네요.

▶ 동요

동요

패션쇼놀이

반주

♣ 놀이를 마무리하며

패션에 대한 관심이 높아지면서 멋진 옷을 입고 모델처럼 걸어보는 패션쇼 놀이를 계획하였다. 교사는 유아들의 관심과 흥미를 지원하기 위해 패션쇼 동영상을 보여주었다. 유아들은 영상을 보면서 워킹 연습도 하고, 장식에 필요한 반지, 목걸이, 귀걸이 등의 장신구를 만들기도 하였다. 무대에 올라선 유아들은 갖가지 포즈를 취하며 패션쇼를 즐겼다. 처음에 수줍어하던 유아도 친구들의 행동을 따라하며 놀이에 참여하였다. 남들에게 주목받는 것을 꺼리거나 힘들어하는 유아들이 이러한 경험을 통해 성취감과 자신감을 얻을 수 있다면 그것만으로도 충분히 의미가 있다. 물론 처음부터 적극적으로 참여했던 유아들 또한 놀이를 통한 즐거움과 무대에서의 경험을 통해 성취감을 얻는 것도 의미있는 일이다.

제3장

열린 창의놀이

　열린 창의놀이는 비구조화된 놀이 환경에서 유아가 천이나 끈, 종이, 점토, 블록 등의 구조성이 낮은 놀잇감을 탐색하고 조작하여 새로운 것을 창의적으로 만들거나 구성하는 놀이이다. 이렇게 비구조화된 놀이 환경에서는 유아가 놀이의 주도권을 가지면서 보다 자유롭게 다양한 시도를 하며 놀이한다. 자유롭게 놀이를 구성하고, 정해진 규칙이 아닌 자신만의 놀이 방법을 찾는 것에 도전하며 적극적이고 긍정적으로 놀이에 참여한다. 따라서 열린 창의놀이에서는 동일한 종류의 놀잇감이라도 유아에 따라 놀이하는 방법이 다르며, 놀이의 결과물도 다르게 나타난다.

　유아들은 종이상자, 신문지, 널빤지, 보자기 등과 같이 구조성이 낮은 놀잇감을 다양한 방법으로 탐색하고 놀잇감의 용도나 특성에 따라 본인들이 탐색하고 경험한 방법으로 다양하게 놀이한다. 예를 들어 유아들은 신문지를 구기고, 접고, 찢고, 밟고, 날리면서 놀이하기도 하고 종이상자를 쌓기도 하고, 구멍을 뚫고, 펼치고, 납작하게 만들면서 여러 가지 방법으로 놀이를 시도한다. 또한 천을 망토처럼 두르거나 천을 길게 엮어 벽에 걸어 통과하거나, 거미줄을 만들어 놀기도 한다. 이와 같이 유아는 신문지, 종이상자, 천 등 주변에서 볼 수 있는 놀잇감들을 다양한 방법으로 탐색하면서 유아 나름의 주관

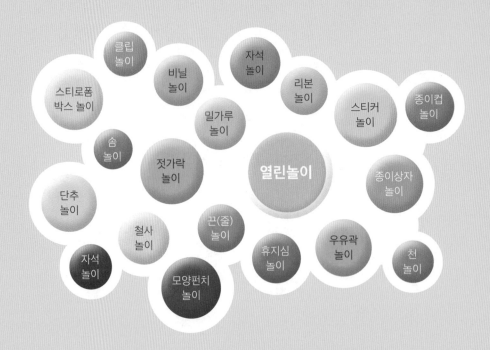

적인 놀잇감을 만들기나 즉흥적인 놀이를 시도하고 경험한다. 따라서 유아가 자유롭게 선택하여 자신의 방식대로 탐색하고 창의적으로 놀이할 수 있도록 구조성이 낮은 놀잇감을 제공하는 것은 유아의 다양한 아이디어와 상상력, 창의성을 격려하고 지원하는 일이다.

• 일러두기
  본 장에서 제공하는 동화는 양효숙 저자, 동요는 김연희 저자가 창작한 작품입니다.

27 스카프놀이

1. 준비물
여러 색깔의 스카프 20장, 뽕뽕이, 모루, 가위, 본드

2. 전개

▶ 놀이의 시작 - 가정에서의 천 놀잇감 지원

주변의 모든 사물이 유아들의 놀잇감이 될 수 있으니, 가정에서 남는 천이나 재활용품을 유치원으로 보내달라는 가정통신문을 보냈더니, 한 유아의 가정에서 다양한 색상의 천류(스카프)를 보내주었다.

▶ 놀이의 발전 - 스카프 옷 만들기

천들을 놀잇감으로 제공하니 유아들은 스카프의 재질, 색깔 등을 탐색하기 시작하였다. 유아들은 스카프 천을 몸에 둘러보기도 하고 보자기처럼 물건을 싸기도 하면서 놀이를 하였다.

유아1   "긴 스카프 목에 두르고 패션쇼하면 좋겠다."

유아2   "그럼. 우리 옷을 만들어보자."

① 스카프의 재질, 색깔, 촉감, 크기 등을 탐색한다.

② 스카프로 치마, 원피스, 장식 숄, 망토 등 옷을 지어 만들어 본다.

③ 스카프로 꽃모양 등 액세서리를 만들며 몸을 장식해본다.

▶ 놀이의 확장 - 스카프 연 날리기

④ 스카프천에 줄이나 실을 연결하여 연을 만든다.

⑤ 스카프 연을 들고 달려서 날린다.

3. 지원활동

▶ 동화

엄마가 옷장 정리하면서 잘 쓰지 않는 스카프를 한쪽으로 내놓으셨어요.

"엄마! 이 스카프 우리가 가지고 놀아도 되나요?"

"그럼! 얼마든지."

"야호! 신난다. 우리 빨리 가서 친구들하고 스카프놀이 하자."

"그래." 은수는 은미랑 같이 친구들을 불러 모았어요. 여기저기에서 친구들이 나왔어요.

"애들아! 우리 스카프놀이 할래?"

"좋아! 너무 재미있겠는 걸."

친구들이 스카프로 꽃도 만들고 나비도 만들었어요. 작은 정원을 꾸몄어요.

"어머! 진짜 꽃밭인 줄 알았는데 스카프 꽃이네."

지나가는 아주머니도 신기하다는 듯이 놀라면서 지나가셨어요.

은수와 은미는 스카프로 비행기를 만들었어요. 비행기가 된 스카프는 은수와 은미를 태우고 하늘 높이 올라갔어요. 땅을 내려다보니 울긋불긋 건물들이 아름답게 보였어요. 너무 아름답고 신이 나서 내려오고 싶지 않아 스카프를 꼭 잡았어요. 스카프비행기는 하늘 높이 올라가 구름한테 은수와 은미를 소개해 주었답니다.

▶ 동요

스카프놀이

스카프를 몸에둘러 걷자
스카프로 리본처럼 춤춰
스카프를 줄에매고 달려
스카프를 하－늘로 날려

반주

♣ 놀이를 마무리하며

곱고 다양한 색감의 스카프들은 유아들을 매료시켰다. 특히 여자 유아들은 각각의 스카프를 가지고 몸에 두르고, 목에도 두르고, 머리에도 써보고 하면서 한껏 치장하는 놀이에 재미있게 몰두하였다. 스카프천은 비구조화된 놀잇감이므로 역할놀이영역에서 치장하는 놀이 이외에 유아들의 다양한 생각과 아이디어가 담긴 놀잇감으로서의 쓰임이 있을 것이라는 생각이 들었다. 그래서 놀이의 전환을 위해 교사는 이 스카프로 어떤 놀이를 하고 싶은지 유아들에게 질문하였다. 그러자 스카프로 길 만들기, 줄다리기, 징검다리, 체조, 연날리기 등의 놀이를 하고 싶다는 유아들의 대답이 있었다. 그 중에서 스카프 연날리기를 제일 먼저 해보자는 유아들의 의견에 따라 스카프에 줄을 매달아 날리기 놀이를 하였다. 유아들의 스카프 연날리기 놀이의 만족도는 매우 높았다.

28 길만들기놀이

1. 준비물

나무젓가락, 종이컵, 블록 등

2. 전개

▶ 놀이의 시작 - 징검다리 놀이

3세반 유아들이 교실에서 종이블록을 연결하여 길을 만들고 그 위를 걸어 다니는 놀이를 하다가, 종이블록을 띄엄띄엄 띄어놓더니 징검다리를 만들어서 징검다리 건너기 놀이를 하였다. 그후 유아들은 다리 만들기에서 길 만들기 놀이로 발전하여 다양한 길 만들기 놀이를 시작하였다.

▶ 놀이의 발전 - 나무젓가락길 만들기

① 나무젓가락을 바닥에 연결하여 길을 만든다.
② 만들어진 길을 걸어본다.

▶ 놀이의 확장 1 - 자동차길 만들기

① 책상과 책상 사이를 연결하는 길을 만들 수 있는 방법을 생각해 본다.
② 블록으로 자동차가 지나갈 수 있는 길을 만들어본다.

③ 만들어진 길에 자동차를 굴려서 지나가본다.

▶ 놀이의 확장 2 – 종이컵길 만들기
① 종이컵을 바닥에 놓아본다.
② 종이컵으로 길을 만든다.
③ 만들어진 길을 걸어본다.

3. 지원활동

▶ 동화

'딴따란따 딴따란따'

나무막대가 혼자서 노래를 부르며 가고 있었

어요. 또 다른 나무 막대가 길을 걸어가며 흥얼흥얼 노래를 부르고 있었어
요. 그러다 둘이는 마주쳤어요.

"안녕? 난 일돌이야. 나는 언제나 혼자야."

"난 일순이야. 나도 늘 혼자야."

일순이와 일돌이는 늘 혼자여서 외로웠어요.

"우리 이제 함께 다니자. 혼자여서 너무 심심했어."

"나도 그랬어. 우리 결혼하자."

일순이와 일돌이는 결혼하여 둘이 되었어요. 어디를 가든지 늘 붙어 다녔죠. 어느 날,
젓가락이 되어 밥상에 살짝 올라가 앉았어요. "와! 좋은데 음식을 잡는데 너무 편한 걸."
모두들 좋아했어요. 또 어느 날이었어요. 사람들은 울퉁불퉁한 길을 가며 투덜댔어요.
"아이고, 힘들어!" 일순이와 일돌이는 합쳐 길을 만들어 주었어요. 즐거워하는 사람들
을 보며 일순이와 일돌이는 행복했어요. 텅 빈 운동장을 지나가다 놀이터를 만들어야겠
다고 생각했어요. "얘들아, 나하고 놀이터 만들자." 나무막대 친구들을 불러 놀이터를
만들었어요. 나무막대들은 놀이터를 선물로 줄 수 있어서 행복했지요.

"오늘은 정말 행복한 날이야."

둘이는 꼬옥 껴안고 잠이 들었답니다.

길을만들자

동요

반주

♣ 놀이를 마무리하며

길 만들기, 특히 자동차길 만들기는 유아들이 일상적으로 자주하면서도 매우 재미있게 몰입해서 하는 놀이 중의 하나이다. 유아들은 연령이나 흥미와 관심, 그리고 놀잇감의 종류에 따라 다양한 길 만들기를 한다. 나뭇가지, 종이컵, 블록류, 종이박스, 재활용품 등 주변의 물건들을 유아들이 양쪽으로 나란히 길게 배열하면 그것들이 유아들에게 길이 된다. 유아들은 그 길에서 걷기도 하고 자동차를 굴러가게 하고 길 주변에 건물이나 나무 등을 꾸미기도 한다. 또한 유아들은 골판지, 종이상자, 페트병, 비닐, 천류 등을 연결하여 촉감길을 만들고 그 위를 맨발로 걷는 것도 좋아한다.

29 자석놀이

1. 준비물

자석칠판, 여러 종류의 자석, 자석용 펜, 칠판지우개

2. 전개

▶ 놀이의 시작 – 신기한 자석들

한 유아가 놀잇감으로 제공된 막대자석을 가지고 교실의 놀잇감에 대어보며 붙는지 안 붙는지 탐색하였다. 이에 다른 유아들도 관심을 보이며, 또 다른 자석을 가지고 눈에 보이는 사물들을 자석에 대어보며 실험하였다.

▶ 놀이의 발전 – 자석블록 놀이

교실에 새로운 자석블록이 제공되자, 유아들은 자석에 관심을 가지고 재미있게 놀이를 한다.
자석블록과 소품을 활용하여 원하는 다양한 것들을 만들어보았다.

▶ 놀이의 확장1 – 자석과 그림의 콜라보

자석칠판에 자석블록을 배열해서 붙인 후 펜으로 자석과 어울리는 그림을 그린다.

▶ 놀이의 확장2 – 자석과 그림의 콜라보 협동화
친구들과 함께 자석칠판에 붙이고 싶은 모양 자석을 붙이고 협력하여 전체적인 안목을 가지고 협동화를 그린다.

3. 지원활동

▶ 동화

"붙어라 붙어라 나에게 붙어라."

나리는 자석을 들고 다니면서 자석이 좋아하는 것들을 모으러 다녔어요.

자동차자석이 나리를 불렀어요.

"난 너무 무거워서 네 손가락으로 올라갈 수가 없어. 나를 들어주면 내가 붙을게."

"좋아. 걱정하지 마. 내가 너를 안아줄게."

나리는 자동차자석을 안아서 들고 가면서 또 노래를 불렀지요.

"자동차자석이 있습니다. 자동차에 타실 손님은 빨리 빨리 오세요."

나리의 이야기를 들은 과일 자석들이 몰려왔어요.

"저희도 태워주세요. 여행을 가고 싶은데 데려다 주지 않아 꼼짝도 못하고 있어요."

"걱정하지 마세요. 자 이리로 모시겠어요."

과일 자석을 안아서 자동차 자석에 앉혀 주었어요.

"붙어라 붙어라 나에게 붙어라."

자석들은 줄을 서서 모였어요. 바퀴 달린 자석들이 몰려왔지 뭐에요.

"다 나한테 실어."

바퀴 달린 자동차자석에 자석을 모두 실어 함께 노래를 부르며 길을 떠났어요.

너무 힘든 자동차는 쉬고 싶었지요. 다들 자동차에서 내려왔어요.

"우리 다함께 모양나라를 만들자. 아름다운 정원도 만들자."

나리에게 맛있는 음식을 만들어 주었어요.

"고마워, 고마워! 너무너무 배가 고팠거든."

▶ 동요

자석놀이

동요

반주

♣ 놀이를 마무리하며

자석은 유아들에게 가장 인기 있는 놀잇감 중의 하나이다. 자석의 성질을 이용한 상품화된 놀잇감이 교실에서 많이 활용되고 있다. 가장 대표적인 것이 자석 성질을 이용한 블록들인데, 플라스틱, 스폰지 등에 자석을 내장하여 유아들이 자유자재로 놀 수 있도록 만들어져서 교실에서 놀잇감으로 유용하게 활용된다. 막대자석이나 말굽자석 등 실제 자석의 성질을 이용한 지기부상열차 등의 놀잇감도 유아들에게 인기다. 자석의 붙는 성질을 이용하여 쇠로 된 물건들을 붙이면서 탐색하는 것도 좋아하지만, 미니카 위에 자석을 붙인 후 또 다른 자석으로 같은 극을 미는 힘으로 자동차를 굴러가게 하는 자동차 경주 같은 놀이도 즐긴다.

30 신문지놀이

1. 준비물
신문지

2. 전개

▶ 놀이의 시작 - 신문지 딱지
유아들은 신문지와 잡지의 종이들을 접어서 딱지치기를 하였다. 신문지가 얇아서 딱지가 잘 넘어가지 않자, 유아들은 신문지를 구기고, 접고, 찢어보는 놀이를 시작하였다.

▶ 놀이의 발전 - 신문지 비가 내려요
유아들은 신문지를 손으로 찢고 날리면서 놀이를 하였다.

① 신문지를 구겨보며 느낌을 이야기 해 본다.

② 신문지를 손으로 찢어본다. (신문지 결을 살려 찢어 보고, 신문지의 결과 반대로 찢기도 해본다.)

③ 신문지를 하늘로 날려본다.

④ 내려오는 신문지를 손으로 잡아본다.

⑤ 신문지를 친구에게 뿌려준다.

▶ 놀이의 확장 1 - 신문지공 던지기

① 찢은 신문지를 뭉친다.

② 뭉친 신문지를 바구니에 던져 넣는다.

▶ 놀이의 확장 2 - 신문지공 축구

① 찢은 신문지를 뭉쳐서 축구공을 만든다.

② 뭉친 신문지로 축구공으로 축구를 한다.

3. 지원활동

▶ 동화

"헤헴"

새벽 일찍, 할아버지는 헛기침을 하시며 신문을 읽기 시작했어요.

유리 할아버지는 다 읽은 신문을 꼭꼭 접어 모아놓으셨지요.

유리는 다 읽은 신문을 모아 놓는 게 이상했어요.

그런데 오늘 유치원에서 선생님이 이렇게 물으셨어요.

"애들아, 신문으로 만들기를 해야 하는데 집에 신문지 있는 사람 혹시 있니?"

유리는 번쩍 손을 들었어요.

"저요 저요~ 저희 집에 신문지 많이 있어요. 제가 가져올게요."

유리는 신문지를 가지고 유치원에 왔어요.

"신문지로 만들고 싶은 것들을 만들어 보도록 해요."

선생님의 말씀이 끝나자 친구들은 여러 가지를 만들기 시작했어요.

'축구공, 농구공, 야구공, 탁구공, 볼링공….'

유리는 드레스를 만들고, 소라는 귀걸이 목걸이 반지를 만들었어요.

청아는 가방을 만들고, 주리는 신발을 만들었지요.

친구들이 만든 작품을 보고 선생님은 깜짝 놀랐어요.

"신문지로 이렇게 멋진 작품을 만들었네. 여러분이 만든 작품을 볼 수 있게 전시회를 열어야겠어요."

선생님 말씀을 듣고 유리는 가족들이 칭찬해 줄 것을 생각하니 입가에 웃음이 번졌어요.

▶ 동요

신 문 지 놀 이

반주

♣ 놀이를 마무리하며

옛날에는 가장 흔하게 볼 수 있는 것이 신문지였는데, 지금은 신문지 놀이를 하려면 한참을 찾고, 구하고, 모아야 한다. 그래서 얼마 전까지만 해도 신문지 놀이는 교실에서 흔하게 이루어지는 놀이였는데, 이제는 신문지가 귀하여 자주 할 수 없는 놀이가 되었다. 이렇게 변화하는 세상 속에서 우리 아이들의 놀이도 변해 갈 것이다. 너무도 빠르게 변화하는 시대, 디지털과 테크놀로지가 모든 생활의 기반이 되는 시대, 가장 흔했던 것이 귀한 것으로 변화하는 시대, 미래시대에 우리 아이들은 어떤 놀이를 하게 될까 생각해본다.

31 재활용품건축물놀이

1. 준비물

재활용품(박스조각, 과자상자, 휴지속대, 페트병 류 등) 테이프, 그리기 도구

2. 전개

▶ 놀이의 시작 – 만리장성을 간직하고 싶어요

세계의 건축물에 관심을 보이며 유아들은 종이블록으로 만리장성 만들기 놀이를 즐겨한다. 놀이 후 정리시간에 본인들이 만든 성을 해체하고, 정리해야 하는 것에 대해 불만을 이야기하였다.

유아   선생님, 우리가 만든 성을 정리하지 않고 계속 간직하고 싶어요.

유아2   집에서 가져온 재활용품으로 성을 만들면 되잖아.

▶ 놀이의 발전 – 재활용품 랜드마크

① 세계 여러 나라의 유명한 건축물(피사의 사탑, 자유의 여신상, 에펠탑 등)을 살펴본다.

② 만들고 싶은 건축물을 정하고, 건축물 형태의 특징에 따라 필요한 재료를 준비한다.

③ 랜드마크를 만든다.

▶ 놀이의 확장 – 박물관 놀이

① 완성된 작품을 전시하여 박물관으로 꾸민다.

② 동생반, 친구반 유아들을 초대하여 박물관 놀이를 한다.

3. 지원활동

▶ 동화

분리수거함에서 이상한 소리가 들려 왔어요.

"분리수거 통에 가기 싫어. 나는 친구들과 놀고 싶단 말이야" 종이가 눈물을 흘리며 말했어요. 캔, 쥬스 병, 생수병, 상자들도 유치원 친구들과 놀고 싶다고 했어요. "애들아 우리 '잘 만들어요 센타'로 가자." 쥬스병이 각오했다는 듯 말했지요. "그래. 우리 여기서 나가자." 다들 밖으로 나왔어요,

"하나, 둘, 셋, 넷"

구령을 맞추어 '잘만들어요 센타'에 도착했어요.

방글이 선생님이 재활용품 친구들을 반갑게 맞이했어요. "어서와. 물빛 반 친구들이 너희들을 기다리고 있어." 재활용품은 선생님을 따라 물빛 반으로 갔어요.

물빛 반 친구들이 소리를 지르며 환영해주었어요. "우리들은 너희들이 필요해. 너희들을 변신시켜 줄게." 친구들은 상자로 로봇을 만들고 생수병으로는 어항을 만들었어요. 종이는 옷으로 만들고, 캔으로 기차, 쥬스 병으로 멋진 가방을 만들었어요.

"와! 정말 멋지다." 친구들은 자기들이 만든 작품을 보며 흐뭇해했어요.

재활용품들도 자기 모습을 보며 행복했지요.

'내가 이렇게 변하다니! 흐흐 정말 놀라운 일이야.'

"물빛반 친구들 고마워!"

▶ 동요

재활용품놀잇감

우리 엄마 매일매일 하는 일 있죠
재활용품 모 - 아서 분류해요
자 연 을 사랑하는 마음이래요
나도 재활용 놀잇감을 만들었어요

반주

♣ 놀이를 마무리하며

가정에서의 놀잇감 지원은 유아들의 놀이를 풍부하게 할 수 있다. 특히 각종 재활용품을 활용한 놀이를 안내하며 가정에 지원요청을 하면, 요거트, 우유 곽에서 쓰지 않는 커튼, 스카프에 이르기까지 정말 유아들이 놀이를 풍요롭게 할 수 있도록 지원해주신다. 그러면 교사는 학부모님들께 감사하는 마음으로 유아들의 작품들을 열심히 사진 찍어서 가정으로 공유한다. 유아들의 놀이와 행복을 생각하는 마음은 부모님과 교사가 같은 마음인 것 같다.

32 빨래집게놀이

1. 준비물

빨래집게, 종이컵, 뽕뽕이, 테이프

2. 전개

▶ 놀이의 시작 – 이게 뭐예요?

빨래집게를 놀잇감으로 제공하자 유아들은 보거나 이용해본 적이 없다고 하였다. 빨래를 널어서 떨어지지 않도록 집어주는 집게의 기능을 설명하며 유아들에게 자유롭게 가지고 놀도록 하였다.

▶ 놀이의 발전 – 빨래집게 신체놀이

유아들에게 빨래집게의 기능을 놀이로 재미있게 경험하게 하기 위하여 빨래집게 신체놀이를 하였다.

① 빨래집게를 두 개씩 나눈다.
② 음악에 맞추어 춤을 추다가 호루라기 소리에 맞춰 가위 바위 보를 한다.
③ 진 사람은 이긴 사람 옷에 빨래집게를 집어준 후, 뒤에 가서 한 줄 기차를 만든다.
④ 가위 바위 보를 해서 끝까지 이긴 사람이 빨래집게 공주나 왕자가 된다.

▶ 놀이의 확장 - 빨래집게 새총놀이

① 빨래집게를 살펴본다.

② 빨래집게를 손으로 누르는 부분에 테이프로 나무젓가락을 부착한다.

③ 나무젓가락 끝에 종이컵을 붙인다.

④ 종이컵에 뽕뽕이를 넣은 후 나무젓가락의 끝부분을 손으로 눌러 뽕뽕이를 멀리 날린다. 뽕뽕이가 어디까지 날아갔는지 확인해 본다.

3. 지원활동

▶ 동화

'핑핑' 어디선가 화살이 날아오는 소리가 들렸어요.

피안이는 어디서 소리가 나는지 도무지 알 수가 없었어요. 화살을 찾아보았지만 화살은 보이지 않았죠. 그 때 "피안아! 나를 찾고 있니?" 집게가 말을 하는 거였어요.

"아니, 집게 너를 찾는 게 아니라 화살 소리가 나서 화살을 찾고 있는 거야."

"나를 찾는 거네. 내가 화살 소리를 낸 집게야."

"뭐라고? 네가 화살소리를 냈다고?" 피안이는 이상했어요.

"너는 빨래를 집어 놓는 집게잖아."

"나는 변신할 수가 있거든. 종이 집게도 됐다가, 음식 집게도 됐다가"

"그렇구나. 그럼 화살이 어떻게 된 거야?"

"내 발을 눌렀다가 탁 놓으면 화살이 되지."

"정말? 나도 해볼까?"

"그럼. 얼마든지"

피안이는 집게의 말대로 발로 꽉 눌렀다가 놓았더니 정말 '핑-' 소리를 내면서 날아갔어요. 너무나 신기해서 자꾸자꾸 하다 보니 선수가 된 것 같았어요. 피안이는 어깨가 으쓱거렸지요.

"또 무엇이 될 수 있어?"

"무엇이든! 네가 생각만 하면 나는 될 수 있어."

피안이는 집게를 들고 '음~사자' 사자를 떠올렸어요. 그러자 여러 개의 집게가 모여 멋진 사자가 되었어요. 피안이는 매우 매우 신기한 집게라고 생각 했어요.

▶ 동요

빨래집게놀이

♣ 놀이를 마무리하며

유아들이 빨래집게 새총만들기 놀이에서 사용했던 빨래집게, 나무젓가락, 종이컵은 애초에 각각 다른 시기에 놀잇감으로 제공하였다. 그런데 유아들은 그것들을 모아서 빨래집게 새총이라는 놀잇감을 만들어냈다. 각각의 놀잇감을 유아들에게 제공할 때, 이 비구조화된 놀잇감을 유아들이 어떻게 활용할 것인지 궁금해서 지켜보았는데, 이렇게 각각의 놀잇감을 모아서 하나의 놀잇감(빨래집게 새총)으로 만들어서 놀 것이라고는 생각하지 못했었다. 유아에게 놀이의 주도권을 부여하니 그들은 더 재미있는 놀이를 하기 위해 아이디어를 보태고 상상력을 더하여 놀이를 발전시켜나가고 있었다.

33 천놀이

1. 준비물

보자기, 폐현수막, 천을 지지할 수 있는 물건(블록, 책) 등

2. 전개

▶ 놀이의 시작 - 보자기 망토, 보자기 이불

가정에서 놀이에 활용하도록 보내준 보자기는 유아들에게 재미있는 놀잇감이 되었다. 그 중 여자유아들은 망토를 만들어 두르며 좋아하였다. 점차 보자기를 몸에 두르는 놀이에서 이불처럼 몸에 덮고 그 안에서 놀이하는 것을 즐겨하기 시작하였다.

▶ 놀이의 발전 - 어, 텐트가 되었네!

보자기를 이불처럼 덮고 안으로 들어가서 놀던 유아들은 더 많은 유아들이 보자기 안으로 들어갈 수 있도록 블록으로 기둥을 만들고, 그 사이에 보자기를 끼워 고정하였다.

유아   어, 텐트가 되었네! 우리 캠핑놀이하자!

① 끼우기 블록으로 4개의 기둥을 만들고 블록의 맨 위 블록 사이에 보자기를 끼워 고정한다.

② 교구장 또는 한쪽 벽면에 보자기를 고정하고 반대편에는 블록으로 기둥을 만들어
　 보자기를 고정하면 텐트가 완성된다.

▶ 놀이의 확장 – 현수막 텐트놀이

유아들이 텐트놀이에 많은 관심과 재미를 보이자 교사는 유아들에게 폐현수막을 제공
해주었다.

① 현수막을 펼친다.

② 책상을 길게 나열한 후 현수막을 위에 놓는다.

③ 현수막이 흘러내리지 않도록 책이나 블록을 현수막 위에 올려 고정한다.

④ 완성된 텐트에서 놀이한다.

3. 지원활동

▶ 동화

백화점에 간 예진이는 예쁜 원피스를 사달라고 엄마를 졸랐어요.

"엄마, 예쁜 원피스 사주세요."

엄마는 가격표를 보더니 "예진아! 엄마가 이 옷보다 더 예쁘게 만들어 줄게 울지 마."
엄마는 집에 도착하자마자 인터넷을 이용해 예쁜 천을 사셨어요. 그 천으로 예쁜 원피
스와 바지도 만들어 주셨어요. 백화점의 옷보다 훨씬 예뻤지요. "엄마! 감사합니다." 예
진이는 새 옷을 입고 자랑을 하러 나갔어요.

집으로 돌아오니 옷을 만들고 남은 조각 천들이 기다리고 있는 거예요. "예진아! 옷을
만들고 남은 우리를 버리지 마." 예진이는 조각 천을 가지고 놀이터로 왔어요.

"애들아, 이 조각천은 내 옷을 만들고 남은 천이야." 친구들이 몰려와 천을 이어서 넓게넓게 만들기로 했어요. "테이프와 스테이플러로 이어보자." 영호의 말에 모두 다 함께 천들을 갖다가 붙이기 시작했어요. 어느 새, 멋지고 넓은 천이 되었어요.

"이제. 텐트놀이하자." "좋아, 신나겠는 걸!"

친구들은 천을 미끄럼틀 위에 치기도 하고, 카페트 위에 치기도 하면서 텐트놀이를 하였어요. 세상에 하나 밖에 없는 텐트요.

▶ 동요

보자기텐트놀이

♣ 놀이를 마무리하며

만 3세 반에 커다란 보자기천을 제공하며 3세 유아들은 이 천으로 어떻게 놀이할까 매우 궁금했다. 처음에 유아들은 보자기천을 인형의 이불로 사용하였다. 동물인형, 아기인형들을 재우는데 보자기천을 이불로 덮어주고 인형들을 토닥이며 재우는데 사용하였다. 그 후 보자기천은 식탁을 덮는 테이블보로 사용되기도 했고, 망토를 두르듯이 천을 몸에 두르고, 구두를 신고 어른들을 흉내 내는 놀이에 이용되기도 하였다. 위의 사례에서는 텐트처럼 덮개를 만들어 놀이하기도 하였는데, 이와 같이 유아들의 놀이는 일상생활에서의 경험을 재구성하는 경우가 많다. 보자기천으로 유아들이 또 어떤 놀이를 할지 궁금하다.

③ 종이컵놀이

1. 준비물
종이컵

2. 전개

▶ 놀이의 시작 – 어떻게 재미있게 놀고 싶니?

교사는 교실에 있는 물건들을 가지고 어떻게 재미있게 놀고 싶은지 유아들에게 질문하였다. 한 유아가 색종이컵으로 만들기를 하고 싶다고 하자, 교사는 색종이와 흰종이컵들을 유아에게 더 많이 제공하여 주었다. 종이컵의 수가 많아지자 유아들은 종이컵만들기 이외에 다른 방법으로 종이컵 놀이를 시작하였다.

▶ 놀이의 발전 – 종이컵 건축물 만들기

유아들은 종이컵 쌓기를 하기 시작하였다. 목적 없이 쌓기를 반복하더니 만리장성 같은 특정 건축물을 목적으로 종이컵 쌓기를 하였다.

① 종이컵으로 다양한 건축물을 만든다.

▶ 놀이의 확장 1 – 꿈틀꿈틀 뱀놀이

종이컵 놀이에 대한 유아들의 관심이 확대되자 교사는 더 많은 종이컵을 제공했고, 유아들은 종이컵을 길게 포개서 균형잡기, 뱀놀이 등을 하였다.

① 종이컵을 포개어 높게 들어 균형을 잡으며 걸어본다.

② 종이컵을 바닥에 내려놓고 뱀처럼 길게 만들어 움직여본다.

▶ 놀이의 확장 2

유아들은 종이컵을 볼링핀으로 활용하여 볼링놀이를 하였다.

3. 지원활동

▶ 동화

종이컵들은 종이학교에 다녀요. 가방도 없이, 책도 없이 종이만 가지고 다녀요. 종이컵 반은 10반이고요. 선생님은 나풀선생님이예요. 10반 선생님은 언제나 반갑다며 나풀나풀 인사를 해요. 종이컵들도 서로서로 반갑다고 인사를 하구요.

잡지책들은 인사를 할 때마다 울먹거려요. 왜냐구요. 나풀나풀도 펄럭펄럭할 수도 없으니까요. "울지마! 잡지야, 종이 학교에 왔으니 선생님을 따라서 하면 돼." 잡지는 자꾸 넘어져서 인사를 할 수가 없었어요. "내 머리가 너무 무거워서 고개를 숙일 수도 없어요." "괜찮아, 우리가 도와줄게"

색종이가 말하면서 잡지 허리를 잡아주고 도화지는 머리를 잡아 함께 인사를 했어요. "성공이야 성공!"

종이컵들은 잡지가 인사하는 것을 보고 뿅 뿅 뿅 한 바퀴를 돌았어요. 한 바퀴를 도니 길이 만들어졌지요. 종이컵이 위로 높이 높이 올라가더니 어느새 탑이 되었어요.

이번에는 종이컵이 블럭들을 불러 모았어요. "우리 함께 돌기도 하고 탑처럼 쌓기도 하면서 멋진 건축물을 만들자" 모두 하나가 되어 옆으로 위로 올라가다 보니 63빌딩이 되었어요. 63빌딩에서 아래를 내려다보니 별나라에 온 것 같았어요.

▶ 동요

동요

종이컵놀이

종이컵을 쌓아올려보자
왕이사는 성을쌓아보자
종이컵을 길게포개보자
뱀-처럼 움-직여보자

반주

♣ 놀이를 마무리하며

종이컵은 가벼우면서도 단단해 유아들에게 놀잇감으로 매우 인기 있다. 게다가 종이컵은 원모양과 면적이 종이컵 입구쪽으로 넓어지는 구조이므로 유아들이 컵 쌓기를 할 때 용이하기도 하지만, 복잡한 구조물을 쌓으려는 유아의 사고력을 자극하기도 한다. 유아중심·놀이중심 교육과정으로 개정되면서 유아들을 어떻게 놀게 할 것인가를 고민하던 차에 주변에서 쉽게 구할 수 있는 종이컵을 제공했는데, 유아들이 반응은 기대 이상이었다. 종이컵의 재질, 모양 등을 고려한 다양한 건출물 쌓기 뿐만 아니라, 종이컵을 켜켜이 겹쳐서 뱀처럼 길게 만들어 외부의 힘에 의한 움직임을 가지고 다양하게 놀이하는 종이컵 뱀놀이를 재미있게 하였다.

35 비닐놀이

1. 준비물
비닐팩 등 비닐류, 끈, 신문지

2. 전개
▶ 놀이의 시작 - "신문지 축구공을 비닐에 넣고 하자"

신문지를 구겨서 축구놀이를 하던 유아들은 놀이 중에 신문지 축구공의 모양이 풀어지자, 신문지 축구공을 비닐봉지에 넣어서 묶은 뒤에 축구를 하였다.

유아   신문지 축구공을 비닐봉지에 넣어서 선생님께 묶어달라고 하자!

▶ 놀이의 발전 - 비닐 공놀이

유아들은 축구놀이가 끝난 후 비닐에서 신문지공을 꺼낸 뒤 비닐공 놀이를 시작하였다.
① 비닐에 공기를 담아 묶는다.
② 비닐 공놀이(던지기, 주고받기 등)를 한다.

▶ 놀이의 확장1 - 비닐 스케이트 놀이
① 스케이트 도안을 색칠한 후 비닐에 붙인다.
② 비닐 신발을 신고 스케이트를 탄다.

▶ 놀이의 확장2 - 비닐 연날리기
① 일회용 비닐팩에 끈을 단다.
② 비닐팩 연을 들고 달린다.

3. 지원활동

▶ 동화

비닐과 풍선은 친구예요. 언제나 함께 붙어 다녔어요.

밥을 먹을 때도 유치원에 갈 때도 같이 다녔어요.

어느 날, 한아름 유치원에서 초대장이 왔어요.

'사랑하는 비닐과 풍선님! 한아름 유치원에서 초대합니다. 유치원 친구들과 즐겁게

놀아주었으면 합니다. 꼭 와주시기 바랍니다.'

초대장을 받은 비닐과 풍선은 한아름 유치원으로 갔어요.

"똑똑똑! 안녕하세요? 저희들은 비닐과 풍선입니다."

비닐과 풍선의 소리를 듣고 유치원 친구들이 나와서 반갑게 맞이했어요.

"어서 오세요. 한아름 유치원에 오신 것을 환영합니다."

유치원 친구들과 함께 즐겁게 놀았어요.

놀이가 끝났어요. 선생님이 비닐과 풍선을 만지자 자꾸자꾸 늘어났어요.

모두들 신기해서 비닐과 풍선을 쳐다보았어요.

"우리는 사랑을 먹은 비닐과 풍선이야. 우리를 만져주면 쌍둥이 비닐과 쌍둥이 풍선

으로 변신하는 거야."

유치원 친구들은 신나게 박수를 치면서 비닐풍선놀이를 했어요.

비닐과 풍선은 한 조가 되어 친구들과 재미있게 놀았어요.

정말 행복한 하루였어요.

▶ 동요

비닐놀이

동요

반주

♣ 놀이를 마무리하며

수업시간에 유아들의 재활용품 활용에 대한 관심이 높아지면서, 썩지 않는 비닐의 활용에 대해 유아들이 심각하게 받아들이게 되었다. 그리고 비닐은 꼭 필요할 때만 사용을 하고, 한 번 사용한 비닐들을 어떻게 재활용할 것인지에 대해 이야기하게 되었다. 유아들은 자신들이 재활용할 수 있는 다양한 방법을 생각해 보았는데, 비닐공놀이(비닐 주머니 던지기, 주고받기), 비닐스케이트, 비닐 연날리기 등을 제안하였다. 교사는 유아들의 제안에 따라 위에서 열거한 놀이를 하며 비닐봉지를 재활용할 수 있도록 지원하였다.

③⑥ 팽이놀이

1. 준비물
색종이, 블록, 솔방울 등 돌릴 수 있는 물건들

2. 전개

▶ 놀이의 시작 – 색종이 팽이 접기

종이접기를 하던 유아들 중, 한 유아가 색종이
로 팽이를 접어서 팽이 돌리기 놀이를 시작하였
다. 함께 종이를 접던 다른 유아들도 팽이 접기를
배워서 팽이 돌리기 놀이를 하고 싶어하였다.

유아   @@야, 나도 팽이 접기 가르쳐줘

▶ 놀이의 발전 – 블록팽이 돌리기

종이접기가 어렵거나, 하기 싫은 유아들은 각종 블록을 활용하여 팽이를 만들어 팽이
돌리기놀이를 하였다.

① 끼우기 블록, 긴 블록 등으로 팽이를 만든다.

② 누구의 팽이가 가장 단단하게 만들어졌는지 팽이 시합을 한다.

▶ 놀이의 확장 - 솔방울 팽이놀이
① 바깥에서 솔방울을 하나씩 주워온다.
② 손으로 솔방울을 튕겨서 팽이놀이를 해 본다.
　　- 누구의 팽이가 가장 오래 돌까?
　　- 선 밖으로 나가지 않게 팽이 조절하기

3. 지원활동

▶ 동화

윤아 가족이 계양산으로 산책을 갔어요.

"윤아야, 반가워!" 단풍잎과 은행잎들이 인사를 하며 윤아에게 달려왔어요. 그리고는 윤아 품에 꼬옥 안겼어요. 그 곳에는 솔방울도 많았어요. 윤아는 가방에 솔방울, 단풍잎, 은행잎을 담아 유치원에 왔어요.

"오늘은 팽이대회를 열려고 해요. 먼저 장난감이나 자연물로 팽이를 만들도록 해요. 다 만들고 나면 팽이돌리기 내기를 하기로 해요."

친구들은 진짜 팽이도 가져오고 또 블록을 가져오기도 하고 병뚜껑을 가지고 오기도 했어요. "내 팽이 멋지지. 내 팽이가 가장 잘 돌 거야." 서로 자기 팽이가 가장 잘 돈다고 자랑을 했어요. 윤아도 내 팽이가 가장 잘 돌 거라고 생각하며 솔방울로 팽이를 만들었어요.

"자, 지금부터 시작입니다. 가장 오래 돌아가는 팽이가 승리하는 거예요."

모두들 열심히 팽이를 돌리기 시작했어요. 그런데 한 개씩 팽이가 쓰러지기 시작했어요. 블록 팽이와 솔방울 팽이만 남았지 뭐에요.

"블록 블록"

"솔방울 솔방을"

친구들은 두 팀으로 나뉘어 소리 높여 응원 했어요. 솔방울 팽이가 끝까지 돌아가자 모두 윤아의 팽이를 부러워했어요. 윤아는 끝까지 돌아가준 솔방울 팽이가 무척 고마웠어요.

팽이를 돌려

동요

팽 - 이 를 빙 - 빙 - 돌 려 보 아 라

놀 잇 감 을 빙 - 빙 - 돌 려 보 아 라

팽 이 를 돌 려   블 록 도 돌 려

뚜 껑 도 돌 려   솔 방 울 도 돌 - 려

반주

♣ 놀이를 마무리하며

마트의 장난감 코너에 보면 다양한 디자인의 팽이들이 진열되어 있다. 우리 반의 팽이놀이는 상품화된 팽이놀이가 아니다. 교실에서 종이로 만든 팽이들, 여러 종류의 블록으로 만든 팽이들을 가지고 했던 팽이놀이이다. 유아들은 구조물의 중심을 잡고 돌릴 수 있도록 만드는 데 관심을 기울였고, 더 오래 돌릴 수 있도록 수정하고 보완하는 과정에 집중하였다. 그리고 주변에서 볼 수 있는 페트병, 병뚜껑, 종이컵, 솔방울, 나뭇가지 등 각 종 물건들을 중심을 잡고 더 오래 돌리기 놀이로 확장하였다. 물론 그 과정에는 구조물이나 물건들을 가지고 '오래 돌리기 대회'를 하여 유아들의 흥미를 돋우고, 유아들이 구조물들이 돌아가는 시간을 잴 수 있도록 초시계와 모래시계를 제공하여 승부욕을 자극하는 등의 교사의 놀이지원이 있었다.

37 거미줄놀이

1. 준비물
줄, 테이프, 천, 그리기 도구 등

2. 전개

▶ 놀이의 시작 – 거미줄 찾기

거미줄 놀이에 대한 관심의 시작은 바깥놀이장에서 놀이를 하던 4세, 5세 방과후반 유아들이 출입문 앞 천막 사이의 거미줄을 발견하면서 부터이다. 거미줄은 탐색하던 유아들은 이후 유치원을 돌아다니며 거미줄을 찾기 시작하였다.

유아1   "야 저기 거미줄 봐, 저기 보이지?"

유아2   "여기 의자 밑에도 있어."

▶ 놀이로 발전 – 테이프로 거미줄 만들기(평면)

교사는 거미와 거미줄 유튜브 동영상과 동화 책을 제공하였다. 거미줄의 생김새에 대해 이야기하던 중에 유아들은 색테이프를 길게 붙여서 거미줄을 만들어보기로 하였다.

유아1   거미줄은 길잖아….

유아2   테이프로 길게 길게 붙여보자.

① 바닥에 아세테이트지를 놓고 그 위에 비닐 색테이프를 붙인다.

② 비닐테이프를 붙이는 방향을 다양하게 하여 거미줄을 구성한다.

③ 거미와 거미의 먹이를 그려 거미줄에 붙여준다.

▶ 놀이의 확장1 - 색테이프로 거미의 집 만들기(입체)

거미에 대한 관심이 높아지면서, 유아들은 거
미줄을 만들어서 직접 거미와 곤충이 되어서 잡
기놀이를 하고자 하였다.

유아1   우리가 들어가서 놀 수 있는 거미집을 만들자.

유아2   테이프를 벽에 붙여서 연결해서 만들면 되지.

이전에 거미줄 재료로 사용했던 색테이프를
벽과 교구장, 책상 등에 붙여서 입체적으로 만들기 시작했다.

① 교구장이나 벽면 등에 색테이프를 붙여 거미줄을 완성한다.

② 도화지에 거미와 거미의 먹이를 그린 후 오려 거미줄에 붙인다.

③ 유아들이 거미줄 안에 들어가, 거미와 곤충이 되어 거미줄놀이를 한다.

▶ 놀이의 확장2 - 천으로 거미줄 만들기

4세반 유아들이 거미줄 놀이를 이어나가고 있을 때, 5세반 형님들이 지나가다가 입체
거미줄을 보고 관심을 보였다. 이에 교사는 가정에서 놀이재료로 보내준 큰 천을 길게
잘라주었더니 유아들이 천을 하나하나 이어서 길게 엮기 시작했다.

유아1   천을 이렇게 묶으니까 길어졌어

유아2   거미줄 같네….

① 천을 길게 자르고 길게 묶는다.

② 벽에 천을 교차하여 붙인다.

③ 거미줄 피해 다니기 놀이를 한다.

3. 지원활동

▶ 동화

거미가 줄을 타고 별이 집 창문에 놀러왔어요. 그리고는 창문에 부지런히 집을 지었
어요. 별이가 창문을 바라보다가 집을 짓는 거미를 보았어요. '너무 신기해! 어디서 줄
이 나오는 걸까?' 거미를 유심히 살펴보았어요.

"별이야! 유치원 가야지. 버스 올 시간이다."

"예 지금 나가요." 별이는 버스에서도 유치원에서도 계속 집을 짓는 거미만 생각났어요.

"선생님! 거미집 짓고 싶어요"

"그래. 선생님이 비닐 색테이프를 줄 테니까 거미줄 집을 지어 봐요."

별이는 친구들과 어떻게 거미집을 지을까 의논했어요. 그리고는 생각을 합쳐서 거미집을 짓기 시작했지요. 어느새 오색거미집이 되었어요. 거미를 만들어 집에 달아 놓기도 했어요. 거미 흉내를 내며 매달려 보기도 했지요. 어느 새, 점심시간 아쉬워요. 내일 다시 놀기로 약속하며 점심식사를 했어요. 그래도 창문에 있는 거미가 또 생각나네요.

▶ 동요

동요

거미줄놀이

올 라 가 자 올 라 가 자

거 미 줄 타 고 — 올 라 가 자

통 과 하 자 통 과 하 자

거 미 줄 사 이 를 통 과 하 자

반주

♣ 놀이를 마무리하며

바깥놀이장에서 거미줄을 발견한 후 시작된 거미줄 놀이는 각 반으로 전파되어 형님반, 동생반 곳곳에서 각각 다른 모양과 재질의 거미줄이 만들어지고 놀이가 지속되고 확장되었다. 하나의 놀이에 대해 특별하게 더 많은 관심과 흥미를 보이는 소수의 유아들을 중심으로 놀이가 시작되면 주변의 유아들이 흥미를 보이며 하나둘씩 참여하는 형태로 놀이가 확장되어, 많은 수의 유아들이 몰입하여 참여했던 놀이이다.

38 줄놀이

1. 준비물
줄넘기 줄

2. 전개

▶ 놀이의 시작 - 줄넘기는 어려워
유치원에서 매달 실시하는 줄넘기 대회에 출전하고 싶은 유아들은 놀이시간에 줄넘기 연습을 열심히 하였다. 줄넘기에 관심을 보이지 않는 유아들은 줄넘기 줄로 다른 놀이를 시작하였다.

▶ 놀이의 발전 - 줄 밟지 않고 걸어가기
줄넘기에 흥미를 잃은 유아들은 줄넘기 줄들을 바닥에 겹쳐서 늘어뜨리고 줄 밟지 않고 걷기 놀이를 하였다.

① 여러 개의 줄넘기 줄을 바닥에 늘어놓는다.
② 바닥에 놓인 줄을 밟지 않고 피해서 걸어다닌다.

▶ 놀이의 확장1 - 줄넘기 줄 림보
① 두 명의 유아가 줄의 양 끝을 잡는다.
② 허리를 뒤로 젖히면서 줄을 통과한다.
③ 줄의 높이를 점점 낮추면서 통과한다.

▶ 놀이의 확장2 - 줄넘기 줄 통과하기

① 여러 명이 줄넘기 줄을 교차하여 잡는다.

② 줄 사이를 통과하며 놀이한다.

3. 지원활동

▶ 동화

'튕겨라 튕겨라 튕겨지거라'

'늘려라 늘려라 늘어나거라'

마음대로 튕겨지고 마음대로 늘어나는 '마음대로 고무줄'이 있었어요.

언니들한테는 머리를 묶는 고무줄로 변하고, 오빠들한테는 마스크 줄로 변하고...

마음대로 고무줄은 사람들이 주문대로 움직였어요.

마음대로 고무줄이 길을 가다가 운동장에서 꽈당 넘어졌어요.

미경이가 넘어져 있는 마음대로 고무줄을 발견했어요.

"애들아! 우리 고무줄놀이 하자."

친구들을 불러 모아 마음대로 고무줄로 고무줄놀이를 시작했어요.

고무줄을 넘고, 뛰고, 밟고, 튕기면서 신나게 놀았죠.

"애들아! 우리 고무줄로 나무 위에 걸려 있는 종이비행기를 맞추면 어때?"

"좋아, 좋아 내가 맞추기 선수지. 자~ 잘 봐!"

성수가 '피웅~' 고무줄을 당기자 튕겨 오르며 나무 위에 걸려 있는 종이비행기를 맞추었어요.

순간 종이비행기가 땅 아래로 떨어졌어요.

"야! 신난다. 성수야! 어쩌면 그렇게 고무줄을 잘 튕기니? 부러워."

"아니야, 고무줄이 내 말을 잘 들어줘서 그런 거야."

여진이가 다가와서 걱정스럽게 물었어요.

"내 시계 줄이 없어졌어. 시계를 찰 수가 없어."

"걱정 마. 내가 줄을 만들어 줄게."

빛나가 시계에 고무줄을 묶어 여진이 손목에 채워주었어요.

"아, 정말 예뻐! 빛나야 고마워."

행복해하는 여진이를 보고 마음대로 고무줄도 행복했답니다.

▶ 동요

줄넘기 놀이

동요

반주

♣ 놀이를 마무리하며

줄넘기 줄들을 유아들에게 처음 제시하였을 때, 유아들은 줄넘기의 기능에 충실하게 일반적으로 하는 '줄넘기' 놀이를 시도하였다. 그러나 줄넘기가 생각만큼 쉽지 않자 포기하고 줄들은 바닥에 내려놓고 다른 흥밋거리를 찾는 듯 했다. 다른 놀이를 하던 한 유아가 와서 바닥에 놓인 줄넘기 줄들 사이를 줄을 밟지 않고 폴짝폴짝 건너기 시작하였다. 그러자 줄넘기에 흥미를 잃었던 유아들로 따라서 줄 밟지 않고 줄 사이 걷기 놀이를 하였다. 이와 같이 유아들의 놀이는 유아들의 흥미와 성취에 따라 금방 소멸되기도 하고, 다른 자극이나 지원에 따라 확장되기도 한다. 이번 줄 밟지 않고 건너가기 놀이는 또래 친구의 다른 방법의 놀이 시도가 유아들에게 새로운 동기부여를 제공하게 된 경우라고 할 수 있다.

③⑨ 책쌓기놀이

1. 준비물
다양한 크기의 그림책

2. 전개

▶ 놀이의 시작

유아들이 블록쌓기 놀이를 하는데, 집모양이 필요했다. 한 유아가 동화책을 이용하여 원하는 집 모양을 만들자, 함께 놀이했던 유아들이 만족해하였다. 그 후 유아들에게 동화책도 좋은 놀잇감이 되었다.

▶ 놀이의 발전 – 그림책을 세워라!

유아들은 다양한 크기의 그림책들을 모아서 그림책 세우기 놀이를 하였다.

▶ 놀이의 확장 – 그림책 건축물 만들기

유아들은 어떻게 하면 그림책 탑이 쓰러지지 않고 쌓을 수 있을지 생각하며 균형을 잡아 그림책을 쌓았다.

① 그림책을 균형을 잡고 높게 쌓아본다.
② 완성된 건축물에 이름을 지어본다.

3. 지원활동

▶ 동화

"건축물 대회가 있습니다. 단, 책으로 만들어야 합니다. 우승한 사람은 세계여행을 보내드립니다."

'책나라'에서 모집 광고를 냈어요.

종헌이가 똑똑이 서점에서 광고판을 보게 되었어요.

집에 돌아간 종헌이는 아빠 엄마에게 책 건축물 대회에 나가자고 졸랐어요.

"엄마, 아빠, 우리도 건축물 대회 나가요. 책만 있으면 돼요."

이번 주 주말에 책 나라에 가서 건축물을 만들기로 약속을 했어요. 부모님과 함께 인터넷으로 여러 나라 건축물을 살펴보았어요. 이집트의 '스핑크스와 피라미드', 인도의 '타지마할', 이탈리아의 '콜로세움' 그리스의 '파르테논신전', 영국의 '버킹엄궁전' 모두 모두 멋있었어요.

드디어 건축물 대회가 열리는 날이 되었어요.

가족회의를 통해 만들기로 한 '교보타워'를 만들었어요.

심사위원님들이 심사장을 돌면서 건축물을 하나하나 살펴보았어요.

"여기에 참가하신 모든 분들이 너무나 멋지게 잘 만드셨습니다. 그중에서도 우리나라의 건축물인 '교보타워'를 만든 종헌이 가족이 대상을 받게 되었습니다."

종헌이는 너무나 기뻤어요. 가족과 함께 세계여행에 가서 인터넷으로 보았던 건축물들을 볼 수 있다는 생각에 정말 행복했어요.

▶ 동요

책 쌓기 놀이

동요

반주

♣ 놀이를 마무리하며

그림책은 글과 그림을 통해 문학적, 예술적, 교육적으로 가치를 가지고 유아들에게 꿈과 상상력을 주는 매우 훌륭한 매체라고 생각해왔다. 교실 현장에서 유아들을 대상으로 동화의 내용 바탕으로 문학적 접근, 예술적 접근을 통한 다양한 활동을 시도하였고, 유아들도 흥미 있게 참여했던 기억이 난다. 이전에 책은 제자리에 잘 보관해야 하는 도서로만 생각했지 직접 손으로 조작하며 놀 수 있는 놀잇감으로 생각하지 못했었다. 유아중심·놀이중심 교육과정 운영과 함께 유아에게 놀이의 주도권을 주어야 한다는 발상의 전환을 하면서 자연스럽게 "이 책들로 유아들은 어떻게 놀이하고 싶어할까?" 생각하게 되었다. 그리고 유아들에게 놀이에 대한 주도권을 주었더니 그림책은 쌓기 블록이 되어 훌륭한 건축물로 만들어졌다. 책은 더 이상 곱게 책꽂이에 보관하는 활동의 매체가 아니다. 손으로 조작하고 구성할 수 있는, 유아들이 좋아하는 놀잇감인 것이다.

제4장

신체놀이

 유아기는 신체 감각의 발달이 활발히 일어나는 시기이다. 인간은 영유아기 때부터 여러 가지 내적, 외적인 자극에 대해 다양한 신체적인 움직임으로 반응하며, 생각하는 모든 것을 몸의 움직임으로 표출한다.

 유아들은 신체놀이를 통해 자아를 인식하고, 자신의 신체를 조절하고 활용하며, 다양한 정서를 표현하고, 부정적인 감정을 배출시켜 감정을 조절하는 방법을 터득하게 한다. 또한 신체놀이를 통해 친구들과 서로 협력하며 지낼 수 있는 기회를 제공함으로써 또래 관계에 사회적, 정서적으로 적응하고, 다른 사람의 존재를 인식하며 서로 협력해야 함을 배우게 된다.

 심리적인 교감과 신체적 활동이 매우 중요한 시기에 해당하는 유아들에게 놀이를 통한 신체활동은 건강한 성장을 위해 꼭 필요한 영역이다. 2019 개정 누리과정에 맞춰 교육현장에서는 유아들의 신체 성장 및 두뇌 발달을 돕는 놀이 시설, 다양한 콘텐츠를 적용한 체험형 놀이에 이르기까지 다양한 교수법을 고민하고, 만들어내고 있다. 대표적인 예로 제주도 교육청은 아이들이 매일 접하는 유치원 놀이공간을 자연 재료 중심으로 개선하고 밋밋한 학교 운동장에 기적의 놀이터를 조성하고 있다. 폐교는 거대한 놀이터로 재탄생을 준비 중이다. 모래 물 진흙과 같은 자연물 중심의 바깥놀이 공간이 교육 현장

에 확산하고 있다는 증거이다.

　신체놀이는 공, 훌라후프, 줄로 놀이하기 등의 도구를 이용한 놀이와 제자리에서 뛰기, 왕복달리기, 공중에서 발 부딪히며 놀이하기, 숨바꼭질, 팔씨름 등 도구가 없어도 할수 있는 맨몸놀이가 있다. 신체놀이를 할 때 유아들의 자유로운 움직임이 방해받지 않도록 편안한 옷을 입고 활동하며, 위험하지 않은 바닥이라면 맨발로 활동하는 것도 좋다. 또한 음악적 요소 및 다양한 소품들을 활용한다면 좀 더 자유롭고 개방적이며 창의적으로 놀이할 수 있다.

• 일러두기
　본 장에서 제공하는 동화는 양효숙 저자, 동요는 김연희 저자가 창작한 작품입니다.

40 숨바꼭질놀이

1. 준비물
유치원교실

2. 전개
▶ 놀이의 시작 - 미세먼지로 바깥놀이터에서의 술래잡기가 교실 안 숨바꼭질로 진행

바깥놀이터에서 재미있게 술래잡기 놀이를 하다가 다른 유아들이 같이 하고 싶다고 하여 멈추었다.

유아1 "술래잡기놀이 너무 재미있는데."

유아2 "나도 술래잡기 놀이가 정말 재미있는데."

유아들이 교사에게 같이 하자고 하였다. 교사가 술래에게 머리띠를 주었더니 유아들은 더욱 신이 났다. 술래잡기를 하고 나서 숨바꼭질까지 하자고 하였지만 미세먼지 때문에 교실에서의 숨바꼭질이 시작되었다.

▶ 놀이의 발전 - 숨바꼭질

선생님과 유아들이 교실에서 숨바꼭질을 시작하였다.

① 술래역할을 하고 싶은 유아가(없으면 가위바위보로 정한다) 먼저 술래가 된다.

② 술래가 '꼭꼭 숨어라 머리카락 보일라'를 몇 차례 외칠 때 재빨리 숨는다. 그러다 술

래가 '다 숨었니?' 말을 했을 때 아무 대답
이 없으면 친구들을 찾는다.

③ 술래가 먼저 찾아낸 친구가 다음 술래가 된다.

▶ 놀이의 확장

유아들이 교실에서의 숨바꼭질에 흥미를 보이
며 놀이가 반복적으로 진행되었다. 또한 교실 구
조도를 작성하여 숨을 곳을 그림으로 그려보는
활동을 하였다.

3. 지원활동

▶ 동화

아이들이 선생님께 달려와 "선생님, 숨바꼭질 해요, 네?" 하며 조른다.

"얘들아! 오늘은 미세먼지 수치가 나쁨이야. 미세먼지 없는 날 하자."

선생님은 핸드폰으로 미세먼지 '나쁨' 이라고 적혀있는 것을 보여주셨어요.

"그럼 교실에서 해요."

"교실에서? 음~ 그럼 그럴까?"

모두 발을 구르며 좋아했어요. 제일 먼저 손을 든 재강이가 술래가 되었어요.

"헤헤, 내가 술래야. 다들 잘 숨어라."

"꼭꼭 숨어라 머리카락 보일라. 꼭꼭 숨어라 머리카락 보일라."

친구들이 서둘러 책상 밑에도 숨고, 피아노 뒤에도 숨고, 사물함 안에 들어가서 숨고,
옷장 안에 들어가서 옷으로 몸을 가렸어요. "다 숨었니? 찾으러 간다." 아무 소리도 들리
지 않자 재강이는 발소리를 줄이며 친구들을 찾으러 다녔어요. 재강이가 옷장 안을 들
여다보자 강우가 놀라서 소리쳤어요.

"아~ 들켰다!"

"헤헤, 찾았다."

피아노 뒤에 숨어 있던 한나는 살그머니 일어서려다 피아노 소리를 내고 말았어요.

"히히, 한나도 찾았다."

'야, 재강이 어디 있니?' 숨은 친구들의 소곤대는 이야기 소리에 재강이는 친구들을
모두 다 찾은 게 아니겠어요. 술래를 바꿔가며 재미있게 놀다 보니 벌써 집에 갈 시간이
다 되었어요.

▶ 동요

동요

숨바꼭질

숨 바 꼭 질 할 사 람 여 기 모 여 라

술 - 래 를 정 하 자 가 위 바 위 보

어 디 어 디 숨 을 까 찾 아 보 아 라

숨 도 참 고 꼼 짝 말 고 꼭 꼭 숨 어 라

반주

♣ 놀이를 마무리하며

애초에는 바깥놀이터에서 유아들과 숨바꼭질 놀이를 하기로 하였다. 그런데 미세먼지가 많아 밖으로 나갈
수 없는 형편이 되자, 계획을 변경해 한 번도 해보지 못했던 교실 안 숨바꼭질이 시작되었다. 유아들은 술
래에게 들키지 않으려고 생각을 모아 부지런히 숨을 공간이 찾아냈다. 숨고 찾아내고, 숨고 찾아내는…. 반
복적인 놀이에 유아들이 푹 빠졌다. 내가 어렸을 때 그렇게 재미있게 했던 놀이를 지금의 유아들이 몰입하
여 재미있게 하고 있다. 저 어린 유아들도 어른이 되면 지금의 숨바꼭질 놀이를 추억하며 웃음 지을 것이
다. 지금의 나처럼 말이다.

베개이불놀이

1. 준비물

매트, 베개 4개, 이불 2개, 풍선 10개

2. 전개

▶ 놀이의 시작 – 이불 뺏기

방과후 과정에서 낮잠을 자고 난 후 이불을 정리하다가 두 명의 유아가 이불을 서로 잡아당기며 이불 당기기를 하였다.

유아	"선생님! 이불당기기 재미있어요."
교사	"이불을 가지고 또 어떻게 놀고 싶은데?"
유아	"텐트 놀이도 할 수 있어요."
교사	"그래, 그러면 우리 이불과 베개로 놀이를 해볼까?"

이후 이 교실에서는 이불과 베개를 활용한 다양한 놀이가 이루어졌다.

▶ 놀이의 발전 – 이불 풍선

놀이 1. 베개 넘기

① 유아들을 두 편으로 나눈다.

② 뛰어가다가 장애물처럼 베개를 넘는다.

③ 베개를 하나씩 추가해 높여 가며 넘는다.

놀이 2. 이불 속에 숨기

① 두 팀으로 나누어, 하나, 둘, 셋 하면 이불속으로 숨는다.

② 호루라기를 불면 이불속에 들어가 얼굴과
　몸이 보이지 않게 한다.
③ 이불 밖으로 몸이나 손발이 보이지 않는 편
　이 이긴다.

놀이 3. 이불 풍선 튕기기
① 이불을 잡고 풍선이 바닥에 떨어지지 않게
　풍선을 친다.
② 풍선이 많이 남아 있는 편이 이긴다.

놀이4. 풍선 옮기기
① 4명씩 한 조로 구성한다.
② 이불에 풍선을 올려놓고 목적지까지 갔다
　가 출발선으로 먼저 들어오는 팀이 이긴다.

3. 지원활동
▶ 동화

베개와 이불은 꼭 붙어 다니는 친한 친구에요. 그런데 종종 다투는 일이 있었어요. 오늘도 자리다툼을 하며 싸웠어요.

"야, 창가 자리는 내꺼야."

"그럼, 너만 따듯하잖아. 나도 여기 앉을래."

"안 돼, 좁아."

그러자 이불은 베개를 밀었어요. 이불에게 밀린 베개는 화가 났어요.

"흥, 이제 이불 너하고는 살 수 없어."

이불과 함께 살기 싫다고 베개는 집을 나왔어요. 베개는 다른 친구들을 만나 놀아보지만, 그렇게 신이 나지 않았어요. 밤이 되었어요. 별들이 베개를 비추고 있었어요.

"아~ 왜 이렇게 슬프고 혼자만 있는 것 같지?"

이불이 너무 보고 싶었어요. 베개는 편지를 쓰기 시작했지요.

"사랑하는 이불아! 잘 있지? 내가 잘못했어. 내 옆에 네가 없으니까 너무 심심하고 슬퍼. 너를 너무 좋아한다는 걸 이제야 깨달았어. 너에게 다시 돌아갈 거야."

베개는 이불이 좋아하는 보들보들한 솜을 한아름 샀어요. 그런데 편지를 받을 이불도 베개가 너무 보고 싶었거든요.

"베개가 오면 절대 싸우지 않을 거야. 뭐든지 내가 다 양보할 거야."

이불은 창문 밖을 내다보며 다짐을 했대요.

▶ 동요

동요

이불썰매

반주

♣ 놀이를 마무리하며

비대면 상황이 일상에서 보편화 되면서 유아들에게 집콕 놀이라는 이름으로 집안에서 할 수 있는 놀이들이 소개되었다. 가장 대표적인 것이 베개와 이불놀이이다. 유아들은 가정에서의 놀이 경험을 유치원에서도 이어나가기를 원했다. 그래서 유아들과 의논하여 이불로 풍선 옮기기, 이불속에 몸을 꼭꼭 숨기 등의 놀이를 하였다. 이불놀이는 혼자 하는 것보다 함께 해야 즐거운 놀이이다. 함께 짝을 이루어하기도 하고 팀을 이루어하기도 한다. 승패도 있지만 그보다 몸을 움직이며 함께 웃고 즐길 수 있는 놀이이다.

42 훌라후프놀이

1. 준비물

훌라후프 20개, 모래시계

2. 전개

▶ 놀이의 시작 – 훌라후프 돌리기

열심히 훌라후프 돌리기 연습을 해서 능숙해
진 유아들은 이제 훌라후프를 이용한 다른 놀이
에 관심을 갖게 되었다.

유아   "나 좀 봐 줘. 나 훌라후프 돌리고 있지?"

유아2   "잘하는데."

유아   "우리 훌라후프 가지고 놀이하자."

유아2   "무슨 놀이?"

▶ 놀이의 발전 – 훌라후프놀이

놀이1. 터널통과 하기

① 두 팀으로 나눈다.

② 한 팀은 훌라후프로 터널을 만들고 다른 팀
   은 훌라후프를 통과한다.

③ 모래시계가 반대쪽으로 내려갈 때까지 최
   대한 많은 유아들이 통과하도록 한다.

놀이2. 훌라후프 기차

① 두 명이 훌라후프로 기차를 만들어 기차를
   타고 여행한다.

② 곳곳에 기차역을 만들어 경유하며 종착역
   까지 도착한다.

③ 팀별로 실시하여 종착역에 빨리 도착하는
   팀이 이기는 게임으로 할 수 있다.

놀이3. 동그라미 세상

친구들이 가지고 있는 훌라후프를 이용하여
다양한 모양을 만든다.

3. 지원활동

▶ 동화

오늘은 꽃잎 반 친구들이 훌라후프 대회를 하는 날이에요.

'훌라후프 대회에서 멋진 모습을 보여줘야지.'

모두 마음속으로 다짐을 하면서 유치원에 왔지요.

"꽃잎 반 친구들! 연습한 훌라후프 실력을 마음껏 발휘해 주세요."

선생님 호루라기에 맞춰 훌라후프 대회가 시작되었어요.

쫑아는 기차여행을 가듯 빠르게 돌렸어요.

"훌라후프 기차를 타고 쌩쌩쌩쌩 여행 가지요. 여행가지요."

송화는 나무 타는 원숭이처럼 묘기를 하는 것 같았어요.

"나무 타는 원숭이! 이 나무 저 나무 다니며 바나나를 따지요."

아람이는 한꺼번에 여러 개를 돌렸어요.

"뿅 하면 하나, 뿅뿅 하면 두 개, 뿅뿅뿅 세 개, 뿅뿅뿅뿅 네 개."

나리는 우주선을 탄 듯이 노래를 부르며 돌렸어요.

"달나라를 가볼까? 별나라를 가볼까? 달나라에 가서 옥토끼를 만나자."

모두 다른 모습으로 빙글빙글.

교실 안이 수많은 별들이 빙빙 돌아가는 우주 같아요.

▶ 동요

동요

훌라후프를돌리자

언니 처럼 오빠 처럼 나 도잘돌리고싶 어
허 리 흔들고 엉덩 이흔들어 훌라 후 프를 돌리 자
빙 글빙 글돌 아 라 떨 어 지지 - 말 아라
한 바퀴돌 고 두바퀴돌고 빙 글 빙 글돌아 라

반주

♣ 놀이를 마무리하며

훌라후프를 돌리기는 쉽지 않다. 성취동기가 높은 유아들은 연습에 연습을 더하여 훌라후프 돌리기에 성공하지만, 잘 돌리지 못하는 유아들은 처음에 비해 흥미가 떨어지는 것이 보였다. 교사는 훌라후프 놀이를 확장시키기 위해 유아들과 훌라후프로 어떻게 놀고 싶은지 이야기를 나눴다. 그래서 나온 게 훌라후프 터널 통과하기, 훌라후프 기차놀이, 훌라후프 모양 만들기 등의 놀이다. 교사는 유아들이 제안한 이 놀이가 잘 이루어지도록 놀잇감과 공간과 시간을 제공하였고 유아들은 꽤 오래 흥미를 잃지 않고 이 놀이들을 지속하였다. 교사는 유아들의 흥미가 감소되는 상황을 포착하고 이 놀이를 소멸시킬 것인지, 확장할 것인지 판단하고 그에 맞는 언어적, 정서적, 환경적 놀이지원을 해야 한다. 이것이 유아들의 놀이관찰이 필요한 이유다.

43 이어달리기놀이

1. 준비물

청색 머리띠 4개, 홍색 머리띠 4개, 바톤 2개

2. 전개

▶ 놀이의 시작 - 손뼉치기

유아들은 뛰어 노는 것을 즐기며 바깥놀이장 주변의 은행나무까지 달려서 치고 돌아오거나, 은행나무 주변을 돌아서 달리는 놀이를 즐겨하였다. 점차 유아들은 팀을 나누고 규칙을 만들어서 달리는 놀이를 시작하였다.

▶ 놀이의 발전 - 이어달리기

① 4명이 1팀이 되게 한다. 청팀과 홍팀으로 나눈다.

② 4명이 한 줄로 선다.

③ 목적지를 돌아서 2번 주자에게 배턴을 넘긴다. 뛰고 온 주자는 제일 뒤에 선다.

④ 목적지를 돈 2번 주자는 3번 주자에게. 3번 주자가 4번 주자에게 배턴을 넘기는 식으로 계속된다.

⑤ 맨 마지막 주자가 빨리 목적지에 들어오는 팀이 이긴다.

⑥ 승리 팀에게 칭찬 박수와 진 팀에는 격려박수로 다 같이 칭찬을 한다.

▶ 놀이의 확장

① 4곳의 목적지(포스트)를 정해 각각 한 명의 유아가 달릴 준비를 하고 기다린다.

② 1번 주자가 2번 목적지로 달려가 2번 주자에게 바톤을 넘기고, 2번 주자는 3번, 3
번 주자는 4번 주자에게 목적지로 이어달리기를 한다.

3. 지원활동

▶ 동화

달빛 반과 별빛 반의 이어달리기 시합.

각 반에서 뽑힌 네 명의 선수가 한 명씩 이어서 달리기를 하는 거예요. 출발선에 있는
선수가 금성까지 달려 막대를 주면 금성 친구가 화성까지 달려 막대를 주고, 화성 친구
는 토성까지 달려 막대를 건네주면 토성 친구는 막대를 들고 도착점까지 달리는 거예
요. 달빛 반 친구들은 보름달 머리띠를, 별빛 반 친구들은 별 머리띠를 하고 운동장에 모
였어요. 한쪽 줄에는 달빛 반 선수들이 출발선과 도착점에 1명씩 서 있었지요. 다른 쪽
줄에도 별빛 반 친구들이 서 있었고요. 은하수 선생님이 '하나, 둘, 셋, 탕!' 하고 총을 쏘
자 모두 달려 나갔어요.

"힘내라 달빛, 잘한다 달빛!"

달빛 반 친구들이 소리를 치며 응원을 했어요.

"아싸~ 별빛 별빛, 힘차게 달려라!"

별빛 반 친구들도 질세라 응원을 했지요.

달빛 반과 별빛 반 선수들이 금성에서 화성으로 다시 토성으로 막대를 건네주었어요. 응원 소리에 선수들은 더욱 열심히 달렸어요. 이제 토성에서 도착점으로 들어오면 끝나는 거예요.

"이겨라", "이겨라", "이겨라."

앞서고, 뒤처지고. 아슬아슬! 누가 이겼냐구요? 그건 비밀.

▶ 동요

달리기

♣ 놀이를 마무리하며

유아들은 끊임없이 몸을 움직이며 신체를 조절하고 에너지를 발산한다. 특히 달리기를 하며 땀을 흠뻑 흘리고 에너지를 발산하면서 만족감, 성취감을 느끼는데, 이는 유아의 정서에도 긍정적인 영향을 미친다. 오늘은 매일 하던 달리기에 규칙을 추가하여 이어달리기를 하였다. 규칙이 세워지고 팀을 나누어 경기를 하니 유아들은 평소와 다르게 긴장하며 최선을 다해 경기에 임하였다. 일상적인 놀이나 활동에서 규칙이 추가되고 새로운 상황이 만들어지면 유아들도 새로운 상황에서 도전하여 최선을 다하려고 노력한다. 유아들이 성취동기를 높이고 도전할 수 있도록 새로운 상황을 만들어 주는 것도 교사 지원의 한 방법이다.

44 런닝맨놀이

1. 준비물

주황색 조끼 4장, 연두색 조끼 4장, 주황색 시트지 10㎝×20㎝ 4장, 연두색 시트지 10㎝×20㎝ 4장, 매직펜 1개

2. 전개

▶ 놀이의 시작 – 이름 찾기

유아들은 교실에서 친구의 이름을 부르면 이름을 찾아 스티커를 붙여주는 게임을 하였다. 한 유아가 텔레비전에서 본 <런닝맨> 프로그램처럼 친구들에게 런닝맨 놀이를 하자고 제안하였다. 유아들은 놀이를 위하여 런닝맨 놀이에 필요한 이름표를 만들었다.

▶ 놀이의 발전 – 런닝맨 놀이

① 팀을 나누고 시트지에 이름을 써서 조끼 뒤에 붙인다.

② 게임을 하며 상대팀의 조끼에 있는 이름표를 뗀다.

③ 정해진 시간 내에 가장 많은 이름표를 뗀 팀이 우승한다.

▶ 놀이의 확장

자신의 이름 대신 동물, 꽃, 과일, 색깔 등으로 다양하게 놀이를 한다.

3. 지원활동

▶ 동화

"마법의 주스를 마시면 초능력을 갖게 된대."

어느 날 우주 나라에 포스터가 붙었어요.

'마법의 주스 재료를 찾아오면 우주선을 태워주겠다.'

길을 걸어가던 네 명의 친구가 포스터를 보게 되었어요.

"얘들아! 우리가 런닝맨이 되어 마법의 주스 만드는 재료를 찾아오면 어때?"

"오~ 좋아 좋아, 좋은 생각이야."

모두 런닝맨 옷을 입고 런닝맨 모자를 썼어요.

"자! 이제 마법의 주스 재료를 찾으러 출발~."

네 친구는 각자 계절을 정해 찾아오기로 했어요. 보울이는 따뜻한 봄날에 파란 들판을 다니며 냉이와 달래를 캐 왔어요.

"음~ 향긋해." 여울이는 뜨거운 여름날 밭에서 수박과 참외를 한바구니 들고 왔구요.

"아~ 시원해." 가을 친구는 가을 숲을 다니며 감과 사과를 한 아름 따서 가져왔어요.

"아~ 달콤해." 겨울 친구는 겨울 들판으로 나갔지만 밭엔 아무것도 없었어요. "아, 나는 아무것도 없네." 그러다가 겨울 숲길에서 바위 끝에 매달린 고드름을 따서 가져왔지 뭐예요. "앗, 차가워." 모두 자기가 찾은 보물을 가지고 우주 나라에 왔어요.

"마법의 주스 만드는 재료를 잘 찾아왔구나. 상금으로 이 우주선을 타보거라."

"와~ 감사합니다."

네 친구는 우주 나라를 신나게 구경할 수 있었답니다.

▶ 동요

런닝맨놀이

런 런 달 려 라 달 려 라

술 래 를 잡 으 러 달 려 라

살 금 살 금 술 래 뒤 로 다 가 가

휙 이 름 표 를 뜯 어 라

반주

♣ 놀이를 마무리하며

인기 예능프로그램인 <런닝맨>의 놀이규칙 대로 놀이를 하고싶다는 유아들의 요구가 있었다. 친구의 등에 붙어있는 이름표를 떼는 유아가 이기는 놀이였다. 처음에는 유아들이 서로 등에 있는 이름표를 떼면서 넘어지거나 다칠까 염려 했으나, 유아들이 신체를 잘 조절하여 넘어지지 않고 놀이를 잘 이어갔다. 유아들은 사람의 이름 대신 과일이름, 동물이름 등을 붙여서 놀이하기도 하였고, 이름표를 등 뒤에만 붙이는 것이 아니라 가슴에도 붙이고 다리에 붙이기도 하였다. 유아들에게 놀이의 주도권을 부여하니 어느새 유아들은 새로운 방법의 놀이를 만들어냈다. 교사의 관찰과 지원으로 유아들은 스스로 새로운 놀이를 만들어가고 있었다.

45 얼음땡놀이

1. 준비물
종 1개

2. 전개

▶ 놀이의 시작 - 종소리

유치원 밖에서 종소리가 계속 울렸다. 유아들은 무슨 소리인지, 무슨 일인지 궁금해 하며 '땡땡땡' 소리를 흉내 내었다. 이에 교사는 '좋은 생각이 났다'고 하면서 유아들에게 얼음 땡 놀이를 제안하였다.

▶ 놀이의 발전 - 얼음땡놀이

① 술래를 한 명을 정한다.

② 놀이가 시작되면 유아들은 술래를 피해 도망 다니고, 술래는 잡으러 다닌다.

③ 술래가 도망치는 유아를 손으로 치려고 하면 얼른 '얼음'이라고 말하고 멈춘다. 그러면 술래는 잡을 수 없다.

④ '얼음'이 된 유아에게 다른 유아가 와서 '땡' 하고 쳐주면 다시 움직일 수 있다.

⑤ '얼음' 하기 전에 술래에게 잡히거나, '얼음'을 외친 후에 움직이면 그 사람이 술래가 된다.

⑥ 술래가 바뀌면 다른 유아들에게 술래가 되었음을 알린 후, 다시 놀이를 시작한다.

※ '얼음' 대신 '앉은뱅이' 하고 앉으면 술래가 건드릴 수 없다.

▶ 놀이의 확장

'얼음'이라고 말을 하면 두 팔을 벌린 채로 있고 '땡' 하면 손을 흔들면서 움직이는 놀이로 바꿔서 한다.

3. 지원활동

▶ 동화

'으응 손 시려워! 발도 시려워 겨울바람 때문에 그래 아이구 추워!'

신호등 친구들은 겨울이 너무 춥다고 방에서 꼼짝도 하지 않았어요.

소나타가 불렀어요. "신호등아! 우리 얼음땡 놀이하자."

"아유, 난 추워서 나갈 수가 없어, 꽁꽁" 신호등은 이불 속으로 들어가 꼼짝 안 했어요. 그러자 소나타는 신나는 음악을 틀어놓고 즐겁게 춤을 추었죠. 음악 소리를 듣고 신호등이 밖으로 나왔어요.

"얼음땡 놀이하자. 내가 얼음이라고 말을 하면 넌 움직이면 안 돼! 내가 땡 하면 그때 움직이는 거야."

소나타가 "얼음" 소리치면 신호등은 빨간 불을 켜고 멈췄어요.

"땡" 하면 반짝 반짝.

다시 소나타가 "얼음 땡" 하고 소리치면 노랑 불을 켜고 멈췄다 반짝이고

"얼음 땡, 땡" 하면 초록 불을 켜고 멈췄다 반짝였어요.

깜빡거리는 신호등이 하늘에서 내려오는 별똥별 같았어요.

그때 반딧불이 별똥별을 찾아 나섰다가 신호등이 있는 곳까지 왔네요.

"너희들 뭐하니?"

"응, 얼음땡 놀이하고 있어."

"같이 하자."

"그래."

반딧불도 '얼음' 하면 가만히 있고 '땡' 하면 반짝반짝.

신호등 불빛과 반딧불 빛이 겨울밤을 밝혀주고 있어요.

▶ 동요

동요

얼음땡놀이

술래가 쫓아오면 얼음 얼음

움직이면 안 되요 움직이면 안 되요

친구가 땡 하고 풀어주면은

야 도망가자 달려가자

반주

♣ 놀이를 마무리하며

역동적으로 달리다가 갑자기 멈춤을 해야 하는 상황에서 유아들은 자신들의 신체 조절능력을 최대한 발휘하여 술래에게 잡히지 않으려고 노력하였다. 오늘 유아들과 놀이했던 '얼음땡' 놀이가 과거에 내가 했던 '얼음땡'놀이와 다른 점이 있다면 '땡'하고 외치는 대신 '종'을 쳐주었다는 점이다. 종을 소품으로 활용한 것은 매우 성공적이었다. 이후 이 놀이는 유아들의 적극적인 참여로 평소보다 더욱 활발하게 잘 이루어졌다. 놀이에 '종'을 지원해주었더니 놀이가 확장되어 한동안 얼음땡 놀이가 지속되었다.

46 신발던지기놀이

1. 준비물

신발, 게임에 필요한 바구니, 색 테이프, 점수판

2. 전개

▶ 놀이의 시작 – 신발장의 신발

신발장의 신발이 없어져서 신발을 찾으러 유아들이 놀이터에 나가 신발을 찾았다. 아무리 찾아도 신발이 없어 다시 교실에 들어왔는데 교실에 잃어버린 신발이 있었다.

유아 **"누가 신발을 여기다 놔두었어?"**

아무도 나오지 않아 신발 주인이 울려고 하는데 한 친구가 와서 '미안해' 하면서 신발 주인에게 사과를 하였다. 신발찾기 놀이를 하고 싶어 신발을 숨겼다고 하였다.

▶ 놀이의 발전

놀이 1. 신발멀리 던지기

① 목적지마다 점수를 다르게 한다.

② 출발점에서 신발을 던진다. 신발을 멀리 보낸 유아가 이긴다.

놀이 2. 과녁 맞추기

① 점수판(과녁)을 다양하게 만든다.

② 점수판의 구역마다 점수를 다르게 한다.

③ 신발을 던져 해당되는 점수를 받는다.

놀이 3. 내 자리는 어디

① 트램폴린, 훌라후프 등을 활용하여 그림과
   같이 점수판을 놓는다.

② 과녁의 크기가 크면 점수가 낮고, 크기가 작
   으면 점수가 높다.

③ 신발을 던져 해당되는 점수를 가진다.

놀이 4. 뒤로 멀리 던지기

① 신발을 들고 뒤로 돌아선다.

② 신발을 뒤로 던진다.

③ 가장 멀리 간 유아가 이긴다.

3. 지원활동

▶ 동화

놀이장에 들어선 아토는 예쁘게 놓여 있는 신발을 보았어요.

"아~ 신발 던지면서 놀고 싶다."

"선생님! 우리 신발 던지기 놀이해요."

선생님은 깜짝 놀랐어요. 놀이를 할 때마다 한쪽 구석에 있던 아토가 은 먼저 나서서
신발 던지기 놀이를 하자고 하네요.

"오~, 재밌겠는걸, 친구들에게 물어볼까?"

선생님은 친구들에게 다가가 말씀하셨어요.

"애들아! 유희실에 가서 우리 신발 던지기 놀이할까?"

친구들은 큰 소리로 대답하며 뛸 듯이 기뻐했지요.

모두 유희실로 출발! 실내화를 벗어 손에 들었어요.

"어떻게 하면 재밌게 할 수 있을까?"

"선생님! 뒤돌아서 뒤로 신발을 던지면 좋겠어요." 아토의 말에 모두 뒤로 돌아서서
신발을 던졌지요. 그런데 이 모습을 지켜보던 요술쟁이가 요술을 부렸어요.

"수리수리 마수리 신발아! 새로 변해라~ 얍."

그러자 정말 신발이 새가 되어 날아가 버렸어요. 신발이 없어졌다고 유치원 친구들은 울기 시작했어요. "아~ 어떡해."

우는 것을 본 요술쟁이는 다시 또 요술을 부렸지요.

"수리수리 마수리 다시 신발이 되어라~ 얍."

그러자 이번엔 새가 다시 신발로 변해 주인 앞에 툭 떨어졌어요.

친구들은 자기 신발을 제일 멀리 던지겠다며 던지고 또 던졌어요.

▶ 동요

신발멀리던지기

동요

신 발 한 짝 을 벗 어 들 고 서

누 가 멀 리 던 지 나 시 합 해 보 자

여 기 선 앞 에 함 께 서 보 자

하 나 둘 셋 하 면 던 져 라

반주

♣ 놀이를 마무리하며

유아들과 신발을 트램펄린 원 위로, 훌라후프 원 안으로 던져서 넣기 등의 게임을 하였다. 유아들은 출발선에서 트램펄린과 훌라후프까지의 거리를 짐작해보고 힘을 조절하여 목적한 곳에 넣으려고 애썼다. 유아들은 그 작은 머릿속으로 거리를 측정해보고, 어느 정도의 힘으로 던져야 할지 나름대로 계산도 해보고, 고민도 했을 것이다. 노력한대로 목표한 지점에 신발을 던져 성공했을 때 유아들의 맛보게 될 성취감과 만족감이 매우 클 것으로 생각된다.

⁴⁷ 한발뛰기놀이

1. 준비물
색 테이프, 음악

2. 전개

▶ 놀이의 시작 – 징검다리

유아들이 교실에서 벽돌블록을 펼쳐놓고 징검다리 놀이를 하였다. 그리고 놀이를 연장하여 바깥놀이장에서도 징검다리 놀이를 재미있게 하였다. 그 후 유아들은 자연스럽게 앵금질, 뜀뛰기 놀이를 하였는데, 교사는 유아들의 관심을 지원하여 한 발 뛰기 놀이를 제안하였다.

▶ 놀이의 발전 – 한 발 뛰기

① 가위, 바위, 보로 술래를 정한다.

② 술래가 아닌 유아들은 출발선에서 정해진 수만큼 뜀뛰기를 한다.

③ 유아들은 한 발, 두 발, 세 발… 외치며 뛴다.

④ 술래는 다른 유아들보다 한 발 적게 뛰고 멈춘다.

⑤ 술래는 멈춘 자리에서 팔을 길게 뻗어 친구들을 손으로 터치한다.

⑥ 술래가 손을 뻗어 터치한 유아들은 아웃이 된다. 술래가 유아들을 손으로 터칠 할 수 없으면 유아들은 다시 출발선으로 돌아온다. 이때 유아들은 목적지에서 처음 뛰었던 수만큼 뜀뛰기 수에 맞게 돌아와야 한다.

※ 술래에게 미션을 제시한다. 미션은 코끼리손 하고 돌기, 엉덩이로 이름쓰기, 음악에 맞춰 댄스하기, 노래 부르기 등으로 정한다.

▶ 놀이의 확장

한 발 뛰기, 두 발 뛰기로 확장하다가 2명이 1조가 되어 네 발 뛰기를 하였다.

3. 지원활동

▶ 동화

오빠 아지와 여동생 여지가 개울을 건너가게 되었어요. 개울에는 징검다리가 가지런히 놓여 있었지요.

"오빠! 다리 아파 개울을 건너갈 수가 없어."

오빠도 너무 많이 걸어와서 동생을 업고 갈 힘이 없었어요.

'어떻게 하면 개울을 건너갈 수 있을까?'

그때, 좋은 생각이 떠올랐어요.

"여지야! 우리 한 발로 개울을 누가 빨리 건너가는지 시합할까? 빨리 건너가는 사람이 맛있는 왕눈이 사탕 먹기 게임이야."

다리가 아파 걸어갈 수 없었던 여지는 왕눈이 사탕이라는 말에 갑자기 힘이 났어요.

"왕눈이 사탕, 응! 좋아, 좋아!"

"그럼 시작이다. 하나 둘 셋 하면 한발로 건너는 거야. 하나 둘 셋!"

여지와 아지는 한 발 뛰기로 개울을 건너가기 시작했지요.

즐겁게 노래를 부르면서 하나씩 돌을 밟으며 건너갔어요.

다리가 아프지 않았어요.

힘들고 먼 것처럼 느껴졌는데 금방 건넌 것 같았어요.

"야, 이제 다 건넜다." "오빠, 왕눈이 사탕!"

오빠는 왕눈이 사탕이 있었을까요?

왕눈이 사탕은 먹었을까요?

쉿! 왕눈이 사탕 이야기는 다음에 해드릴게요.

▶ 동요

동요

한 발 뛰기

한 발 만 큼 멀 리 뛰 어 라

술 래 손 이 닿 지 않 도 록

술 래 손 이 몸 에 닿 으 면

바 로 아 웃 된 단 다

반주

♣ 놀이를 마무리하며

전문가의 입장에서 유아들의 한 발 뛰기 놀이를 관찰하니 신체조절, 균형감각, 거리조절, 대근육 발달 등 놀이를 많이 하면 할수록 유아들의 신체발달을 견인하여 긍정적인 영향을 끼친다는 것이 파악되었다. 옛날 놀이들을 보면 지혜가 엿보인다. 놀이 하나하나가 발달에 적합한 놀이들이다. 아이들을 위해 함께 할만한 옛날 놀이들을 떠올려 본다.

48 터널놀이

1. 준비물
붕붕카 2대, 터널 2개, 매트 2개

2. 전개
▶ 놀이의 시작 - 터널 지나간 경험 이야기

유아1 "차 타고 가는데 터널이 봤다."

유아2 "나는 터널 지나가면 재미있는데."

유아3 "나도 재미있어. 우리 터널놀이 할래."

유아들이 교사에게 터널놀이 하고 싶다고 이야기를 하자 교사는 터널놀이를 어떻게 준비해야 될까? 묻는다. 유아들은 유치원에서 터널로 활용할 수 있는 놀잇감을 찾아보며 놀이 방법에 대해 이야기 나누었다.

▶ 놀이의 발전 - 터널놀이

① 두 팀으로 나눈다.

② 출발선에 서서 호루라기 소리에 맞춰 붕붕카를 탄다.

③ 붕붕카를 타고 터널을 통과한다.

④ 터널을 통과한 후 매트를 구른다.

⑤ 매트를 구른 후 다시 터널을 통과한다.

⑥ 터널을 통과한 후 붕붕카를 타고 다시 출발점으로 온다. 빨리 온 팀이 이긴다.

▶ 놀이의 확장

두 팀으로 나누어 한 팀은 유아들이 손을 잡고 몸을 붙여서 터널을 만들고, 한 팀은 터널 속을 들어가서 통과하는 놀이로 이어졌다.

3. 지원활동

▶ 동화

인천에 사는 종익이는 아빠와 함께 차를 타고 할머니가 사시는 화천에 가는 길이었어요. 그런데 갑자기 캄캄한 터널이 나왔어요. 터널이 너무 길어 달리고 달려도 밖이 나오지 않는 거예요.

"아빠! 터널이 무서워요. 왜 이렇게 터널이 길죠?"

"눈을 감고 수를 세어볼까. 하나, 둘, 셋, 넷…열!"

환한 바깥세상이 나왔어요. 그러자 또 다시 터널을 지나가고 싶어졌어요.

"흐흐, 아빠! 또 터널 지나가고 싶어요. 터널 재미있어요. 또 터널 가요!"

"아까는 무섭다더니, 흐흐 다시 집에 갈 때 그때 또 이 터널을 지나갈 거야."

다음날 집으로 돌아오는 길에 종익이는 캄캄한 터널을 기다렸죠. 드디어 터널이 나타났어요. 종익이는 터널을 지나는 게 정말 재미있었어요.

"우와, 내일 유치원에 가면 친구들과 터널놀이를 해야지!"

다음날 선생님께 터널 이야기를 했어요.

"종익이가 터널을 지날 때 재미있었구나, 그럼 오늘은 터널놀이를 할까?"

종익이는 자신의 마음을 잘 알아주는 선생님이 정말 좋았어요.

"헤헤, 터널놀이 할 사람 여기 붙어라."

종익이는 할머니 댁에 가는 길에 봤던 긴 터널 이야기를 친구들에게 들려주고 있네요.

▶ 동요

상자터널놀이

동요

커 다 란 상 자 를 이 어 붙 이 면

긴 ― 터 널 을 만 들 수 있 어

엉 금 엉 금 거 북³ 이 처 럼 통 과 하 ― 자

꿈 틀 꿈 틀 지 렁³ 이 처 럼 통 과 하 ― 자

반주

♣ 놀이를 마무리하며

터널을 통과하는 놀이를 하는데, 유아들은 그냥 터널만 통과하면 재미가 없다며 더 재미있게 놀이할 수 있는 방법을 찾아보기로 했다. 유아들은 '재미'를 위해 터널 앞까지 붕붕카 타고 가기, 터널 통과한 후에는 매트에서 구르기의 미션을 추가하여 놀이를 시작하였다. 당연히 자신들이 '더 재미있게' 하기 위해 추가한 미션이기 때문에 그 재미를 마음껏 즐기며 놀이를 하였다. 유아들은 '더 재미있게'를 추구하였지만 그 재미 안에는 놀이의 규칙을 만들어내는 능력, 규칙을 이해하는 능력, 신체를 조절하는 능력 등 유아들의 다양한 능력들이 그 안에서 나타나고 있었다.

49 수건돌리기놀이

1. 준비물

수건, 머리 띠, 음악

2. 전개

▶ 놀이의 시작 - 수건

바깥 놀이하고 잠시 쉬고 있는데 한 유아가 수건을 가지고 와서 얼굴을 닦고 있었다. 수건을 본 유아가 수건놀이를 해 봤다고 수건놀이를 하고 싶다고 하였다. 교사는 수건 놀이를 어떻게 하면 좋을지 유아들에게 물어보고 수건놀이 방법을 이야기하였다.

▶ 놀이의 발전 - 수건돌리기

① 가위바위보로 술래를 정하거나 술래를 하고자 하는 유아가 술래가 된다.

② 원 모양으로 앉고 술래는 수건을 가지고 원을 돌아서 달리다가 친구 뒤에 수건을 놓고 달린다.

③ 자기 뒤에 수건을 발견한 유아는 수건을 가지고 술래를 따라 잡는다.

④ 술래는 수건을 놓아둔 유아 자리에 앉는다.

⑤ 수건을 놓아둔 유아에게 잡히면 벌칙을 받는다.(노래 부르기, 코끼리 손하고 돌기, 춤추기 등)

▶ 놀이의 확장

수건 대신 유아가 수건이 되어 술래랑 같이 갔다가 수건인 유아를 유아 뒤편에 놔두고 오면 수건 유아를 발견한 유아는 수건인 유아와 손을 잡고 술래를 쫓는다.

3. 지원활동

▶ 동화

놀이동산으로 친구들이 소풍을 갔어요.

이마에는 땀이 송글송글.

친구들은 수건을 꺼내 땀을 닦으며

"선생님! 우리 수건돌리기 해요."

"음, 수건돌리기, 그럴까?"

"제가 술래 할래요."

"애들아 우리 동그랗게 모여 앉아 수건돌리기 하자."

친구들은 동그랗게 모여 앉아 즐겁게 노래를 불렀어요.

술래가 된 쥬리가 친구들 주위를 빙글 빙글 돌면서 뛰다가 미나 뒤에 살그머니 수건을 놔두었어요.

미나는 얼른 수건을 집더니 쥬리를 잡으러 달렸어요.

"와~"

쥬리가 미나에게 잡히는 듯하더니 미나 자리에 털썩 앉았지요.

미나는 뛰면서 소희 뒤에 수건을 살짝.

그것도 모르고 소희는 계속 노래를 불러요.

소희가 결국 술래가 되었죠. 소희는 벌칙으로 엉덩이로 이름을 썼어요.

소희는 새로운 술래를 찾기 위해 수건을 들고 친구들 주위를 빙빙 달렸대요.

▶ 동요

수건돌리기 참재있다

동요

반주

♣ 놀이를 마무리하며

수건돌리기 놀이의 규칙은 꽤 복잡하다. 그래서 유아들이 놀이의 규칙을 완전하게 이해하기에는 시간이 좀 걸릴 수 있다. 여러 번의 반복과 설명을 통해 유아들이 수건돌리기놀이의 규칙을 거의 이해하는 단계에 도달했다. 놀이 규칙에 대한 이해가 선행되니 그 다음부터 유아들은 공간만 있으면 수건돌리기놀이를 하였다. 규칙 이해-성취감-재미의 순서를 유아들이 마스터한 것이다. 대견한 우리 아이들이다. 그 어려운 규칙을 완전히 터득했으니 말이다.

50 공굴리기놀이

1. 준비물

큰 공 4개, 마스킹 테이프

2. 전개

▶ 놀이의 시작 – 굴릴 수 있는 것 찾기

유아들은 교실에서 굴러가는 것을 찾아 굴려 보기로 하였다. 구르는 것을 찾아 굴리는데 구르는 속도가 다르고 구르는 모습이 달랐다. 유아들은 빨리 굴러가는 것 천천히 굴러가는 것을 지켜보다가 큰 공을 찾아 굴려 보았으며, 큰 공을 가지고 굴리기 놀이를 시작하였다.

▶ 놀이로 발전 – 큰 공 굴리기

놀이 1. 공굴리기

① 두 팀으로 나눈다.

② 공을 굴려서 목적지까지 간다.

③ 목적지에 도착한 후 다시 출발선으로 돌아가서 다른 사람에게 공을 넘겨준다.

④ 먼저 도착한 팀이 이긴다. 서로 격려 박수를 한다.

놀이 2. 큰 공 넘기기

① 한 줄로 서서 공을 뒷사람에게 넘긴다.
② 맨 뒤 사람은 다시 앞으로 넘겨서 빨리 도착
   한 팀이 이긴다.

놀이 3. 큰 공 넘겨주기

① 동그랗게 서서 공 4개를 돌린다.
② 공을 받아서 옆 사람에게 계속 넘겨주다가
   '그대로 멈춰요'라고 말 할 때 공을 가지고
   있는 사람이 벌칙을 받는다.

3. 지원활동

▶ 동화

별님아파트에서 가족운동회가 열렸어요.

장기자랑도 하고 보물찾기도 했어요. 이어서 공굴리기 게임시간이 되었어요.

"가족들이 한 팀이 되어 공을 굴리는 거예요."

설명이 끝나자, 참가자들은 재빨리 공을 굴리기 시작했어요. 너무 빨리 굴러가는 공을 잡으려고 함께 달리는 가족도 있었고요. 노래에 맞춰 춤을 추면서 즐겁게 공을 굴리는 가족도 있었어요.

드디어 제윤이네 가족 차례!

"힘내라! 힘내라!"

한몸이 되어 공을 열심히 굴렸어요. 공을 자동차라고 생각하고 '빵빵' 소리까지 내며 박자를 맞춰 재빠르게 굴렸어요. 제윤이 아빠는 자동차를 운전하듯 방향을 잡으며 굴렸어요.

제윤이네 공은 정말 자동차 바퀴가 구르는 것 같았어요. 호호호

선생님은 제윤이 가족을 보며 말했어요.

집에 돌아와서도 제윤이는 가족들과 공굴리기 하던 모습이 자꾸 생각났어요.

"떼굴떼굴 빵빵" 정말 행복했어요.

▶ 동요

공굴리기

가 볍게 통통 튀는 비 치 볼

발 로 차 서 골 인 축 구 공

방 망 이 로 홈 런 - 야 구 공

어 떤 공 이 잘 구 르 나 굴 - 려 보 자

반주

♣ 놀이를 마무리하며

공굴리기용 큰 공은 유아들에게 매우 매력적인 놀잇감이다. 두 팔로 뻗어야 안을 수 있지만, 유아들이 충분히 들어 올릴 수 있을 정도로 가볍다. 그래서 굴리기, 친구에게 전달하여 넘기기 등 교실에서 함께 협동 놀이 할 때 유용하게 활용된다. 유아에게 공동의 목적을 위해서 서로 협력하는 협동의 가치를 책으로 읽어 주고, 이야기로도 해 주지만, 공굴리기 놀이이야 말로 함께 협동해서 성취하는 즐거움을 몸으로 경험하고 체득할 수 있게 하는 가장 좋은 놀이라고 생각한다.

51 종이비행기놀이

1. 준비물

색종이나 색도화지 각각 10장, 각종 종이비행기 개인별 2개, 네임펜 1세트

2. 전개

▶ 놀이의 시작 − 비행기 타본 경험 이야기

한 유아가 제주도 여행에서 비행기 탔던 경험을 이야기 하자 유아들은 각자 비행기를 보았거나 타보았던 경험을 이야기하였다. 그리고 종이비행기 만들기를 시작하였다.

▶ 놀이로 발전 − 종이비행기 날리기

① 종이비행기를 접고 종이비행기에다 소원을 적는다.

② 종이비행기를 날린다.

③ 종이비행기를 여러 가지 방법으로 날려본다.

④ 누가 가장 멀리 날리나 시합해본다.

▶ 놀이의 확장

① 비행기에다 좋아하는 친구에게 편지나 그림을 그려서 날려서 친구에게 준다.

② 유아가 비행기가 되어 날아가는 비행기를 흉내 내어 본다.

3. 지원활동

▶ 동화

다리가 아픈 빨강이는 친구들과 뛰어놀 수가 없었어요.

"건강하게 뛰어놀 수 있게 해주세요."

이렇게 편지를 쓴 종이로 종이비행기를 만들었어요.

맛있는 음식을 좋아하는 파랑이는 이렇게 편지를 썼어요.

"맛있는 음식을 많이 많이 먹게 해주세요."

파랑이도 편지로 종이비행기를 만들었지요.

소원 편지를 쓰는 친구들을 보고 초록이도 편지를 썼어요.

"엄마, 아빠랑 행복하게 살게 해주세요." 친구들은 소원을 담은 종이비행기를 하늘로 날렸어요. 종이비행기는 친구들의 소원과 사랑을 담아 하늘로 높이높이 올라갔어요.

하늘나라 구름이 있는 곳으로요. 종이비행기가 낮잠을 자고 있던 구름을 간지럽혔어요.

"낮잠을 자는데 누가 깨우는 거야?" 구름이 소리치자 종이비행기가 깜짝 놀라 다시 땅으로 떨어졌어요.

"어! 저게, 저게 뭐지?" 구름은 신기해하며 종이비행기를 따라 땅으로 내려왔어요. 비행기놀이를 하고 있던 친구들은 깜짝 놀랐어요.

"애들아! 난 구름이야. 나도 너희들과 종이비행기 놀이를 하고 싶어."

아이들은 구름하고 종이비행기 놀이를 했어요. 종이비행기가 구름 위에 올라가 두둥실 춤을 추었어요. 구름도 종이비행기와 함께 춤을 추었대요.

▶ 동요

비행기를 날리자

동요

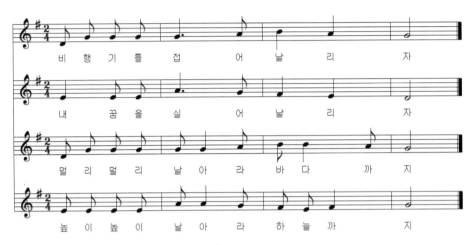

비 행 기 를 접 어 날 리 자

내 꿈 을 실 어 날 리 자

멀 리 멀 리 날 아 라 바 다 까 지

높 이 높 이 날 아 라 하 늘 까 지

 반주

♣ 놀이를 마무리하며

종이비행기 놀이는 우리 유치원 유아들에게 열풍처럼 번져서 이루어졌던 놀이이다. 더 멀리, 더 멀리 날리고 싶어 하는 유아들의 욕구를 지원하여 다양한 종이비행기 접기 방법을 방영하는 유튜브 채널을 찾아 유아들에게 보여주기도 하였다. 어느 한 반에서 시작된 비행기 날리기 놀이는 친구반, 형님반, 동생반 유아들에게 영향을 주어 유치원 곳곳이 종이비행기가 날아다니는 비행장이 되기도 하였다. 교실에서도, 복도에서도, 바깥놀이장에서도 날아가는 비행기들을 볼 수 있었다. 유아들은 다양한 모양의 비행기 접기를 시도하였고, 더 멀리 잘 날아가는 종이의 재질을 알게 되었으며, 가장 멀리 날릴 수 있는 동작을 연구하기도 하였다. 한동안 우리반 유아들은 종이비행기 접기, 종이비행기 날리기 박사님이 되었다.

52 볼링놀이

1. 준비물
볼링공, 볼링 핀, 볼링공을 담아 놓을 상자나 바구니 등

2. 전개

▶ 놀이의 시작 - 볼링

가족과 함께 볼링장에 다녀온 유아가 볼링공을 꺼내어 볼링놀이를 하였다.

유아1　"우리 같이 하자."

유아2　"그래."

이렇게 두 유아가 볼링놀이를 시작하자 다른 유아들도 관심을 보이기 시작하였다.

▶ 놀이의 발전 - 볼링놀이

① 두 팀으로 나눈다.

② 볼링공을 굴리는 유아와 볼링 핀을 세워 줄 유아로 나눈다.

③ 볼링공을 굴려서 볼링 핀을 맞춘다.

④ 볼링공을 두 번 굴려서 쓰러진 볼링 핀 수를 센다.

⑤ 쓰러진 볼링 핀을 세운 뒤, 역할을 바꿔서 다시 한다.

▶ 놀이의 확장

볼링 핀 정중앙에 있는 볼링 핀을 맞추면 볼링 열 개 맞추는 것과 같은 점수를 부여하여 놀이하였다.

3. 지원활동

▶ 동화

엄마가 거울을 보면서 볼링 연습을 하고 있는 모습을 본 화정이는

"엄마! 거울 보고 뭐하고 계세요?"

"볼링 연습하고 있지!"

"왜 연습하는데요?"

"응, 엄마가 볼링대회 나가게 되었거든."

"엄마! 정말? 저 구경 가도 되나요?"

"그럼, 내일 대회가 있는데 같이 가자꾸나."

화정이는 엄마 따라 볼링대회에 갔어요. 선수들이 나와 볼링을 하고 드디어 엄마 차례가 되었어요. 화정이는 엄마가 볼링을 잘할 수 있게 해달라고 속으로 기도를 하고 있는데 어디선가 '스트라이크' 소리와 함께 박수 소리가 났어요. 엄마가 볼링 핀을 한꺼번에 쓰러뜨렸어요. 엄마의 얼굴을 쳐다보니 땀이 가득했으나 얼굴에는 함박꽃이 피었어요. 그 모습이 너무나 멋있고 자랑스러워 화정이도 모르게 어깨가 쓰윽 올라가고 있었답니다.

▶ 동요

볼링놀이

떼 굴 떼 굴 볼 링 공 이 굴 러 갑 니 다

볼 링 핀 에 펑 - 하 고 부 딪 힙 니 다

우 르 르 볼 링 핀 이 무 너 집 니 다

모 두 맞 춰 넘 어 지 면 스 트 라 이 크

반주

♣ 놀이를 마무리하며

공으로 볼링핀을 맞추는 놀이가 처음에는 쉽지 않았다. 유아들이 볼링공을 굴리면 볼링핀으로 조준이 잘 안되고 볼링핀 옆으로 빠져나가기 일쑤였다. 유아들은 곧 흥미를 잃기 시작했다. 놀이 성공의 제1원칙인 놀이를 통한 성취감을 얻을 수 없기 때문에 유아들이 흥미를 못 느끼는 것이다. 교사는 유아들에게 볼링공이 지나갈 수 있는 길을 만들자고 제안하였다. 유아들의 성취도를 높이기 위함이다. 앞의 사진처럼, 볼링공이 핀 옆으로 빠져나가지 않도록 볼링공이 굴러가는 길 양 옆에 담을 세워서 볼링공이 빠져나갈 수 없게 하였다. 볼링공이 양쪽 담사이의 길을 지나 볼링핀을 맞출 수밖에 없는 구조를 만들어 준 것이다. 이 후 유아들은 볼링놀이에서 대부분 볼링핀을 맞추어 넘어뜨렸다. 유아들은 다시 볼링놀이에 대한 흥미를 되찾기 시작하였다. 유아들이 놀이를 잘 할 수 있도록, 놀이에서 성취감을 느낄 수 있도록 환경을 조성하는 것도 교사가 해야 하는 중요한 일 중의 하나임을 다시금 생각나게 하는 놀이였다.

보물찾기놀이

1. 준비물
여러 종류의 과자, 봉투, 끈(구성을 다르게 포장함)

2. 전개

▶ 놀이의 시작 - 내가 좋아하는 것

자기가 가장 좋아하는 물건을 가지고 와서 왜 좋아하는 지 이야기를 하였다. 유아들은 좋아하는 물건을 가장 좋아하는 사람에게 선물하기로 하였다. 그리고 내가 좋아하는 물건에 보물이라고 이름을 붙였다.

▶ 놀이의 발전 - 보물찾기

① 보물을 숨겨두고 이 놀이터 안에 보물이 숨어있다고 이야기한다.

② 보물을 찾으러 다닌다.

③ 보물을 찾지 못하는 친구를 위해 함께 찾아준다.

④ 찾은 보물을 친구들에게 소개하고, 그 보물을 소중히 간직한다.

▶ 놀이의 확장

유아들은 자기가 좋아하는 물건을 포장하였고, 교사는 그 물건을 교실에 곳곳에 숨겨
놓았다. 그리고 유아들이 자기보물 찾기 놀이를 하였는데, 본인이 포장한 물건을 찾는
놀이를 매우 재미있어 하였다.

3. 지원활동

▶ 동화

고운샘반 선생님은 친구들이 참 대견했어요.

활동도 즐겁게 하고 선생님 이야기도 잘 듣고.

선생님은 고운샘반 친구들에게 선물을 주고 싶으셨어요.

"애들아! 선생님이 놀이터에 보물을 많이 숨겨 놓았는데 우리 찾아볼까?"

아이들은 선생님이 보물을 숨겨 놓았다는 말에 눈이 반짝였어요.

"그런데 약속이 있어요."

"히히, 알아요."

"뛰어다니면 안 되고"

"보물은 한 개만 찾아야 해요."

"네."

아이들은 놀이터 여기저기를 살펴보았어요.

미끄럼틀 위에도, 시이소 밑에도, 말타기 아래도.

"야호! 나 찾았다 보물." "나도 찾았다."

보물을 찾은 친구들은 좋아서 소리쳤어요.

유나가 보물을 찾은 안나에게 다가왔어요.

"나도 보물 좀 찾아줘."

"그래! 같이 찾아보자."

유나와 안나는 손을 잡고 보물을 찾으러 가는데 의자 밑에 보물이 숨어 있는 거예요.

"와! 여기 있다." 친구들도 자기가 찾은 보물을 흔들면서 행복해 했어요.

▶ 동요

보물찾기

보 물 을 찾 아 라 야 야 야

보 물 을 찾 아 라 야 야 야

어 디 에 있 을 까 야 야 야

두 근 두 근 찾 았 다 야 야 야

반주

♣ 놀이를 마무리하며

보물찾기놀이는 유아들의 기대가 크기 때문에 준비하는 교사도 설레고 즐겁다. 끝까지 숨겨둔 보물을 찾지 못하는 유아가 슬퍼하고 속상해 하는 경우가 있어 항상 후유증이 남기도 한다. 힌트를 주기도 하고, 많이 찾은 유아가 보물을 나누어주기도 하지만 본인이 찾은 보물만을 원하며 고집하는 유아가 있을 때는 교사도 난감한 상황이 되고 만다. 그래서 저자는 보물찾기 놀이를 위한 나름의 지침을 정하였다. 첫째, 유아 한 명이 찾을 수 있는 보물의 수를 제한한다. 둘째, 연령에 따라 차이는 있지만 보물찾기 놀이 전에 보물 숨기는 장소에 대해 매우 구체적으로 정보와 힌트를 주어 유아들이 쉽게 찾을 수 있도록 돕는 등 후유증을 최소화하기 위해 노력한다.

54 림보놀이

1. 준비물

봉 1개, 고무줄 100㎝, 안전대 2개

2. 전개

▶ 놀이의 시작 - 발레 따라 하기

한 유아가 발레학원에서 배운 동작을 하니 친
구들이 따라하였다.

유아1   "영아야! 너 몸이 유연하구나."

유아2   "응, 발레학원에 다녀."

유아2   "내가 발레학원에서 배운 동작 가르쳐
          줄게."

유아들은 발레학원 다니는 친구의 동작을 따라
하였고, 반복하다 보니 림보놀이로 발전하였다.

▶ 놀이의 발전 - 림보놀이

① 1단계는 통과할 수 쉬운 단계로 한다.

② 몸을 하늘을 향하고 구부려서 줄을 통과한다.

③ 1단계를 통과한 유아가 2단계를 통과한다.

④ 2단계를 통과한 유아가 3단계를 통과한다.

⑤ 계속 낮추고 마지막까지 남은 유아가 우승
   을 한다.

▶ 놀이의 확장

팔과 몸을 활용하여 사람이 림보가 되는 림보 놀이로 확장하였다. 유아들은 사람 림보를 통과하며 즐겁게 놀이를 하였다.

3. 지원활동

▶ 동화

유연이는 몸이 정말 유연해서 이름이 유연이에요. 유연이는 몸을 마음대로 움직일 수 있지요. 병 속에 들어갈 수도 있고, 항아리 속에로 들어갈 수도 있어요.

"유연아! 뻣뻣한 우리 경직이와 함께 놀아주지 않겠니?"

경직이 엄마는 경직이가 유연이랑 함께 놀면 몸이 유연해질 것 같았어요.

"네. 경직이하고 같이 놀게요."

유연이는 그네랑 미끄럼틀, 또 철봉도 있는 놀이터로 경직이를 데리고 갔어요.

"경직아! 저기 철봉이 있는데 림보놀이 해 볼래?"

"싫어! 난 몸이 뻣뻣해서 림보놀이 할 수 없어."

"괜찮아. 높은 철봉 밑으로 지나가는 거야."

유연이가 허리를 뒤로 제치며 철봉 밑으로 지나갔어요. 경직이도 할 수 있을 것 같아 허리를 뒤로 제치고 지나갔어요.

유연이가 조금 더 낮은 철봉을 지나가자 경직이도 또 조금 더 허리를 제치고 지나갔어요.

"헤헤, 이제 조금 더 낮은 철봉을 지나가자." 경직이가 자신 있는 소리로 말을 하는 거예요. 경직이의 몸도 이제 유연해졌나 봐요. 유연이가 높은 철봉부터 시작하길 잘했어요. 경직이가 용기를 갖게 되었으니까요.

▶ 동요

림보놀이

줄 - 밀 - 으 로 지 나 가 보 자

몸 이 닿 지 않 게 지 나 가 보 자

몸 을 점 점 낮 게 아 래 로

줄 이 닿 지 않 게 아 래 로

반주

♣ 놀이를 마무리하며

유아들은 신체조절 능력이나 균형감각, 발육 등 전체적인 신체능력이 발달해가는 과정에 있기는 하나, 몸이 유연하여 림보놀이 등을 재미있게 할 수 있다. 특히 유연성과 더불어 승부욕을 갖춘 유아들은 끝까지 살아남아서 이기려고 한다. 림보놀이에서는 특히 유아들의 기질과 승부욕이 관찰된다. 어떻게 해서든지 몸을 낮추어 끝까지 해보려는 유아가 있는 반면, 어려울 것 같으면 시도조차 안하는 유아가 있다. 실패에 대한 두려움 없이 과제에 도전할 수 있도록 지원하고, 실패하더라도 도전하고 시도하는 것을 칭찬하고 격려하여 유아들의 성취동기를 높이는 것이 중요하다.

55 구슬치기놀이

1. 준비물

블록, 구슬, 구슬 통, 색 테이프로 그린 구슬 집

2. 전개

▶ 놀이의 시작 – 구슬잡기

구슬 통에 구슬들이 놓여 있었다. 유아가 구슬 통을 건드려서 구슬이 쏟아졌다.

유아   "어떻게 하지 구슬이 굴러가."

유아들이 몰려들어와 굴러가는 구슬을 튕기고 있었다.

굴러가는 구슬을 따라 달려가서 구슬을 잡는 친구도 있었다.

유아2   "너무 재미있다."

▶ 놀이의 발전 – 구슬치기

① 두 팀으로 나눈다.

② 바닥에 구슬 집을 그린다.

③ 블록 위에 구슬을 담는다.

④ 블록에 구슬을 담아, 밀어서 표시된 구슬 집에 넣는다.

⑤ 다양한 구슬 집으로 이동하면서 구슬 집에

넣는다.

⑥ 가운데에 있는 구슬 집에 넣으면 최고의 점수를 받는다.

▶ 놀이의 확장

유아들이 직접 구슬처럼 몸을 굴려서 바닥에 그려진 각각의 도형모형 안으로 굴러들어가는 놀이로 확장하였다.(도형마다 점수가 다르므로 점수가 높은 도형에 들어간 유아가 이긴다)

3. 지원활동

▶ 동화

소눈이는 재미있는 놀이를 찾으러 길을 떠났어요. 길에서 친구들을 만났어요. 그 친구들과 재미있게 놀고 있는데, 친구들이 하나 둘씩 엄마 따라 집으로 가는 거예요. 그러나 소눈이는 집을 찾아 갈 수가 없었어요. 집이 어딘지 기억나지 않았어요. 톡! 톡! 빙글빙글 자꾸 소리를 내면서 굴러가는 소눈이를 개미가 만났어요.

"소눈아! 어디 가니?" 가는 허리 개미가 물었어요,

"집 찾아 가고 있어. 난 구멍이 집인데 우리 집이 보이지 않아."

가는 허리 개미는 "그래! 다섯 바퀴 굴러가면 소눈이 집이 있던데."

"그래! 고마워." 소눈이는 다섯 바퀴를 굴렀어요.

다섯 바퀴를 굴러 보니 형 왕눈이와 중눈이가 막내 소눈이를 기다리고 있었어요.

"막내 소눈아! 왜 이제 와? 엄마 아빠랑 우리가 얼마나 너를 기다렸다고."

갑자기 소눈이는 참고 있던 울음을 터트렸어요.

집을 찾지 못해 헤매었던 설움이 갑자기 한꺼번에 터졌거든요.

이제는 혼자 돌아다니지 않겠다고 다짐을 하면서 세상에서 가장 맛있는 저녁을 먹는답니다.

▶ 동요

구슬놀이

동요

떼 굴떼 굴 굴 려 구 - 슬 을 굴 려

빙 글빙 글 돌 려 구 - 슬 을 돌 려

손 가 락 튕 겨 구 슬 을 맞 춰

또 르 르 길 따 라 구 슬 을 굴 려

반주

♣ 놀이를 마무리하며

구슬놀이는 유아의 성장 발달에 도움이 많이 되는 놀이이다. 첫째, 구슬 옮기기, 구슬 튕기기, 구슬 맞추기 등의 놀이를 통하여 집중력과 소근육 발달을 도울 수 있다. 둘째, 유아들이 다양한 놀이방법, 규칙을 만들어서 놀이할 수 있다. 이 과정에서 유아들은 의사소통을 통해 서로 의견을 말하고, 듣고, 제안하고, 타협하는 등 사회적 기술을 배울 수 있다. 셋째, 구슬을 옮기고 튕기고 맞추고 하는 과정에서 거리에 대한 개념을 이해하고 공간지각능력, 방향감각 등을 배울 수 도 있다. 작은 알갱이들인 구슬로 유아들의 다양한 생각과 신체적 발달을 도모할 수 있는 재미있고 유익한 놀이를 할 수 있다.

56 '무궁화꽃이피었습니다'놀이

1. 준비물
곰 인형, 책상

2. 전개
▶ 놀이의 시작 - 우리나라 꽃

우리나라에 대해 알아보면서 우리나라 꽃이 무궁화라는 이야기를 나누고 함께 무궁화 꽃을 그렸다.

유아   "무궁화 꽃이 피었습니다. 놀이 한 적이 있다."

유아2   "나도 해 봤는데."

유아   "우리 무궁화 꽃이 피었습니다. 놀이 할까?

▶ 놀이의 발전 - 무궁화 꽃이 피었습니다.

① 술래를 하고 싶은 유아가 술래를 한다.

② 술래가 '무궁화 꽃이 피었습니다' 라고 말하면 유아들은 술래가 있는 쪽으로 움직여 온다.

③ 술래가 고개를 들면 그 자리에 그대로 서 있는다.

④ 술래가 고개를 들었을 때 움직인 유아는 아웃되어 술래 옆에 서 있는다.

⑤ 술래가 '무궁화 꽃이 피었습니다' 를 외치

는 동안 아웃된 친구를 터치해주면 잡혔던 유아들이 다시 살고, 아니면 아웃된 친구가 술래가 된다.

▶ 놀이의 확장

① 무궁화 꽃 대신 유아들이 좋아하는 꽃을 정해서 놀이를 하였다.(예 : 개나리꽃이 피었습니다.)

② 유아들이 하고 싶은 일이나, 놀이를 문장으로 만들어서 놀이를 하였다.(예 : 마스크를 씁시다.)

3. 지원활동

▶ 동화

무궁화반 친구들이 무궁화 꽃을 머리에 달고 놀이터로 나왔어요.

"무궁화 꽃이 피었습니다. 놀이할 사람 여기 모여라!"

궁화의 손을 잡고 친구들이 모였어요.

"내가 술래야. 놀이터에 보물들이 잔뜩 숨겨져 있는데 너희들이 보물을 찾아와."

"아, 그리고 내가 너희들을 보면 움직이면 안 돼!"

무궁화반 친구들은 궁화가 '무궁화 꽃이 피었습니다.' 할 동안 놀이터에 있는 보물을 찾으러 다녔어요.

햇빛을 만들어 내는 태양구슬, 일 년 내내 꽃을 피게 만드는 꽃비구슬들은 숨어서 친구들을 기다리고 있었어요. 심술궂은 마녀도 함께 놀고 싶다고 말했지만 아무도 놀아주지 않았어요. 심술 마녀는 태양구슬과 꽃비구슬을 삼켰어요. 갑자기 어두워서 아무것도 보이지 않았어요. 무궁화 반 친구들은 무서워 우는 소리를 듣고 달빛구슬을 가져왔어요.

"애들아, 너희들이 무궁화 꽃을 놀이터 벽에다 그려주면 심술마녀는 사라지고 태양구슬과 꽃비구슬이 살아서 나올 수 있단다."

무궁화 반 친구들은 놀이터 벽에 가득 무궁화 꽃을 그렸어요.

벽에 무궁화 꽃이 그려지자, 심술 마녀는 하품을 하면서 마녀의 목에서 태양구슬과 꽃비구슬이 나왔어요. 무궁화 반 친구들은 태양구슬과 꽃비구슬 보물을 찾아서 술래 궁화에게 주었답니다.

▶ 동요

무궁화꽃이피었습니다

동요

반주

♣ 놀이를 마무리하며

'무궁화 꽃이 피었습니다' 라는 음률에 맞추어 몸을 움직였다, 멈췄다, 뛰었다 하는 역동성이 유아들을 즐겁게 놀이에 빠져들게 하는 것 같다. 이 놀이에 익숙해지자 유아들은 무궁화 꽃 대신 자신들이 좋아하는 꽃 이름을 붙여서 놀이를 하였다. 대부분의 놀이에서 유아들은 술래하기를 꺼려하는데 이 놀이에서는 기꺼이 술래도 마다하지 않는다. '무궁화 꽃이 피었습니다'라는 음률을 끊임없이 외치고, 움직이는 친구를 잡아내는 것이 재미있어서 술래도 좋다고 한 유아들의 이야기가 떠오른다.

57 꼬리잡기놀이

1. 준비물

100cm 리본 끈 5개 (참가할 유아 수에 맞게 개수를 준비한다.), 호루라기 1개

2. 전개

▶ 놀이의 시작 – 꼬리 찾기

동물과 그 동물에 맞는 꼬리를 찾아 붙이는 게임을 하고 있었다.

유아1   "얼룩말 꼬리를 달면 내가 얼룩말이 될까?"

유아2   "사람이 어떻게 얼룩말이 되니?"

유아1   "동물로 변해서 동물놀이 하고 싶은데..."

유아2   "우리 동물 꼬리를 달고 동물 소리를 내면 동물로 변하지 않을까?"

유아1   "좋아. 우리 꼬리를 달고 동물 소리를 내면서
꼬리잡기 놀이 하자."

▶ 놀이의 발전 – 꼬리잡기

① 가위 바위 보로 해서 술래를 정한다.

② 술래만 제외하고 유아들은 리본 엉덩이에
묶어서 꼬리를 단다.

③ 게임이 시작되면 술래는 꼬리를 단 유아의
꼬리를 밟는다.

④ 유아들은 술래에게 꼬리를 밟히지 않으려
고 노력한다.

⑤ 술래가 꼬리를 밟으면 밟힌 사람이 술래가
  된다.
⑥ 술래는 꼬리를 밟으려고 하고 유아들은 꼬
  리를 밟히지 않으려고 도망 다닌다.

▶ 놀이의 확장
동물 가면이나 동물 탈을 쓰고 동물 소리와 함
께 동물 꼬리잡기 놀이로 확장하였다.

3. 지원활동

▶ 동화

꼬리찾기 게임을 하던 지안이는 꼬리잡기 놀이를 하고 싶어졌어요.
"얘들아 우리가 동물 꼬리를 붙이고 그 꼬리를 잡는 놀이를 하면 어때?"
"재밌겠다. 우리 꼬리잡기 놀이하자."

코끼리 반 친구들이 좋다며 자기가 원하는 꼬리를 달았어요. 호랑이팀, 돼지팀, 사자
팀, 원숭이팀 4팀 모두 4명씩 정했어요. 팀끼리 한 줄 기차가 되어 맨 처음에 있는 친구
가 술래가 되기로 했어요. 음악 소리에 맞춰 돌다가 호루라기 소리가 나면 술래가 다른
팀의 꼬리를 먼저 밟은 쪽이 이기는 거예요. 음악소리에 맞춰 신나게 도는데 갑자기 호
루라기 소리가 들려왔어요. 호랑이팀 술래 지안이가 재빨리 돼지꼬리를 밟았어요.
"와! 우리 팀이 이겼다."

돼지팀이 호랑이팀 뒤쪽으로 가서 붙었어요. 아주 긴 줄이 되었지요. 다시 음악에 맞
춰 춤을 추다가 호루라기 소리가 나자 서로 꼬리를 밟느라 야단이 났어요. 원숭이팀 술
래 종익이가 사자팀 꼬리를 밟았어요. 사자팀은 원숭이팀 꼬리에 긴 꼬리가 되어 붙었
어요. 음악에 맞춰 다니면서도 모두 호루라기 소리에 귀를 쫑긋! 갑자기 호루라기 소리
가 났어요. 술래들이 어디로 갈지 갈팡지팡 했어요.
"지안아! 사자 꼬리 밟아!"
그 소리에 지안이는 깜짝 놀라 사자 꼬리를 콱 밟았어요.

"와! 우리 팀이 이겼다."

호랑이팀 친구들 뒤에는 돼지꼬리, 원숭이 꼬리, 사자꼬리가 줄을 이어 춤을 추었답니다.

▶ 동요

꼬리잡자

동요

반주

♣ 놀이를 마무리하며

꼬리잡기는 유아들이 매우 좋아하는 놀이이며 하고 싶어 하는 놀이이지만, 역동적으로 몸을 많이 움직이는 놀이이다. 특히 엉덩이에 달려있는 꼬리(리본끈)를 밟으려는 술래와 밟히지 않으려는 유아들이 서로 얽혀서 쫓고 도망치다 보면 넘어지거나 부딪혀서 다치는 경우도 있어서 안전이 중요하다. 그래서 술래가 도망가는 친구의 꼬리를 밟으면 "○○ 잡았다" 하고 외치고, 꼬리를 밟힌 친구는 그 자리에 서는 것을 규칙으로 만들어 안전을 도모했다.

58 달팽이놀이

1. 준비물
물이 담긴 주전자나 백회가루

2. 전개

▶ 놀이의 시작 - 달팽이

텃밭에 있는 상추에서 달팽이를 발견하였다.

유아   "애들아! 이리와 봐! 여기 달팽이 있어."

유아들이 달팽이가 있는 곳으로 몰려들었어요. 상추 속에 달팽이가 숨으려고 하는데 한 유아가 달팽이를 상추에 싸서 보여 주었다.

유아2   "달팽이 교실에 가지고 가자."

달팽이를 교실로 가져 와서 관찰하였다.

▶ 놀이의 발전 - 달팽이놀이

① 두 팀으로 나누어 가위 바위 보로 이긴 팀과 진 팀을 정한다. (이긴 팀이 안쪽 집에 진 팀이 바깥 집에 선다)

② 출발 신호와 함께 상대편 집을 향해 뛰어간다.

③ 뛰어가는 도중 상대 팀을 만나면 가위바위보를 하고 이긴 팀은 계속해서 상대 팀 집을 향해 뛰어간다.

④ 진 사람은 자기 팀 맨 뒤에 선다. 다음 주자

가 출발한다. 계속 반복한다.

⑤ 상대편 집에 빨리 도착한 팀이 이긴다.

▶ 놀이의 확장

무지개처럼 일곱 줄을 그리고 일곱 줄 중간에 장애물을 두어 무지개 장애물놀이로 확장하였다.

3. 지원활동

▶ 동화

동글이와 빙글이는 농장에 사는 친구들이에요.

농장에는 동글이가 좋아하는 오이, 빙글이가 좋아하는 상추가 가득했어요.

동글이와 빙글이는 농장에 사는 것이 행복했어요.

"달팽이 안쪽으로 걸어라 달팽이 바깥으로 걸어라

빙그리 안쪽으로 걸어라 동그리 바깥으로 걸어라~"

동글이와 빙글이는 기분이 좋아서 신나게 노래를 부르며 다녔어요. 그 때 달팽이가 동글이와 빙글이에게 다가왔어요.

"나를 좋아해 줘서 고마워. 너희들과 친구가 되고 싶어."

"그래, 좋아, 그럼 어떤 놀이를 할까?"

"내 이름의 놀이가 있어. 달팽이집을 짓는 놀이야."

"그럼, 집을 짓고 그 집에서 같이 놀자."

셋이 손을 잡고 빙글빙글 돌기도 하고 뱅글뱅글 돌기도 하면서 집을 지었다 헐면서 신나게 놀았어요. 갑자기 배가 고파졌어요. 달팽이가 게임을 하자고 했어요.

"우리, 가위 바위 보를 해서 이긴 사람이 오이와 상추를 먹자."

동글이는 이겨서 맛있게 상추를 먹었어요. 빙글이도 이겨서 맛있는 오이를 먹었지요.

하지만 달팽이는 계속 져서 아무것도 먹을 수가 없었어요.

"달팽아, 내꺼 먹어."

동글이는 상추를 빙글이는 오이를 떼어 달팽이에게 주었어요.

"고마워!"

달팽이도 상추와 오이를 먹으며 환하게 웃었어요.

▶ 동요

달팽이놀이

♣ **놀이를 마무리하며**

달팽이놀이에서는 달팽이 모양이 클수록 유아들이 이동하는 움직임이 많아서 좋아한다. 유아들은 몸을 움직여 달리며 에너지를 발산함으로써 신체발달, 정서발달을 도모한다. 또한 유아들이 게임의 규칙을 이해하고 놀이에 적용하는 것은 이해력과 사고력이 바탕이 되어야 하는데, 게임의 규칙에 맞게 지식을 구조화하고 내면화하여 놀이에 적용함으로써 유아의 인지발달을 지원한다. 놀이는 종합발달선물세트이다.

59 씨름놀이

1. 준비물

팔씨름(손바닥, 닭싸움) 위치를 정할 수 있는 스티커, 호루라기

2. 전개

▶ 놀이의 시작 - 팔씨름

유아들이 모여서 서로 자기들이 힘이 세다고 자랑을 하고 있었다. 한 유아가 "힘센 사람 있으면 나와 봐. 나랑 팔씨름 해보자"는 이야기를 했고 유아들은 서로 자기들이 팔에 힘이 있다고 팔씨름을 하였다. 점점 열기가 더해져서 닭싸움으로 번져갔다.

▶ 놀이의 발전 - 씨름놀이

놀이 1. 팔씨름

① 정해진 곳에 발꿈치를 대고 상대방의 손을 잡는다.

② 상대방의 손등을 바닥에 먼저 닿게 한 사람이 이긴다.

놀이 2. 손바닥 밀기

① 정해진 곳에 서서 손바닥끼리 마주 댄다.

② 매트 바깥으로 먼저 나가게 하면 이긴다.

놀이 3. 등씨름

① 각자 등에 풍선을 대고 기댄다.

② 신호에 맞춰 등으로 밀어 상대방을 매트 바깥쪽으로 밀어낸다.

③ 밖으로 내보내거나 풍선을 떨어뜨리면 이긴다.

놀이 4. 엉덩이 씨름

① 엉덩이에 풍선을 대고 서로 엉덩이를 마주한다.

② 등씨름과 똑같이 진행한다.

3. 지원활동

▶ 동화

제근이와 차돌이가 서로 자기가 힘이 세다며 다투고 있었어요.

"그럼, 누가 힘이 센지 둘이서 팔씨름을 하면 어떨까?"

친구들의 말에 제근이와 차돌이는 한쪽 소매를 올렸어요.

"세 번을 해서 먼저 두 번 이긴 사람이 힘이 센 사람이야."

멋진 탁자 위에 제근이와 차돌이가 한쪽 손을 올리고 꽉 잡았어요.

드디어 팔씨름이 시작됐어요. 반 친구들은 팀이 되어 제근이와 차돌이를 응원했어요.

"제근이 힘내라." "차돌이 힘내라."

탁 소리가 나더니 제근이가 차돌이 손을 바닥에 쳤어요. 차돌이가 제근이를 노려보며 씩씩거렸어요. 두 번째 경기가 시작되었어요. 이번에는 차돌이가 제근이 손을 바닥에 쳤지요. 구경하고 있던 친구들의 응원소리가 더 커졌어요. 누가 힘이 센지 정말 궁금했지요.

세 번째 팔씨름, 이상한 일이 일어났어요.

제근이와 차돌이 팔이 전혀 움직이지 않았어요. 5분이 가고 10분이 지나도 꼼짝하지 않았어요. 차돌이와 제근이 얼굴이 빨갛게 달아올랐지만 팔은 움직이지 않았어요.

보고 있던 친구들이 지친 소리로 말했어요.

"제근이와 차돌이 둘다 세상에서 가장 힘이 센 친구야. 서로 악수하면 좋겠다."

이 말을 들은 제근이와 차돌이는 힘이 풀리는 듯했어요.

"팔씨름은 동점! 다음에는 '손바닥 밀기', '닭싸움' 을 하자."

악수를 한 손을 흔들었어요.

둘이는 천하장사가 되겠다는 꿈을 안고 집으로 돌아왔어요.

▶ 동요

재미있는씨름

동요

반주

♣ 놀이를 마무리하며

유아들과 몸을 맞대고 버티어 힘을 겨루는 놀이인 씨름에 대해 이야기 나누고, 우리 몸 중에 서로 맞대고 버티어 힘을 겨룰 수 있는 곳을 찾아보았다. 팔로 겨루는 팔씨름, 손바닥으로 겨루는 손바닥씨름, 엉덩이로 겨루는 엉덩씨름 등 유아 들이 함께 맞대어 힘을 겨룰 수 있는 곳을 찾아내고 씨름이름을 붙여주었다. 그리고 유아들의 제안대로 유아들과 직접 팔씨름, 손바닥 밀기(손바닥씨름), 엉덩이밀기(엉덩씨름)을 직접 해보았다.

60 가위바위보놀이

1. 준비물
없음

2. 전개

▶ 놀이의 시작 - 가위바위보

유아들과 선생님이 함께 가위바위보를 자주 하였다. 주로 술래를 뽑거나, 순서를 정할 때 가위, 바위, 보를 하였다. 유아들은 가위바위보를 하면서 할 수 있는 놀이를 찾아보기로 하였다.

▶ 놀이의 발전 - 가위바위보 놀이

놀이 1. 전체 가위바위보

① 교사(리더)와 유아(게임 참여하는 자)들과 가위바위 보를 해서 교사를 이긴 유아가 이긴다.

② 교사를 이긴 유아에게 선물을 준다(주위 집중시킬 때 좋다).

놀이 2. 간지럽히기

① 2인 1조가 되어 노래에 맞추어 가위, 바위, 보를 한다.

② 이긴 유아가 진 유아에게 친구 손등을 간지럽힌다(반대로 진 유아가 이긴 유아를 간지럽힐 수 있다).

놀이 3. 계단 오르기

① 한 명은 계단 위에 서고 다른 한 명은 계단 밑에 서서 가위바위보를 한다.

② 계단 위에 있는 유아가 이기면 한 칸 내려가고 계단 밑에 있는 유아가 이기면 한 칸 올라간다.

③ 반대편에 빨리 도착한 유아가 이긴다.

3. 지원활동

▶ 동화

가위, 바위, 보가 꽃다발을 들고 버스를 타고 여행을 떠났어요.

버스를 타고 한참을 가다 보니 너무 힘이 들었어요.

"아휴, 힘들어. 잠시 쉬었다 가자."

셋은 버스에서 내려 잠시 쉬고 있었어요. 그런데 어디선가 아름다운 노랫소리가 들렸어요. 노랫소리가 나는 쪽으로 가다 보니 놀이동산이 보였지요. 문 위에는 '재밌다 놀이동산'이라고 적혀 있었어요.

"똑똑똑! 안녕하세요? 우리는 가위, 바위, 보라고 해요. 친구들과 재미있게 놀고 싶어요."

선생님은 가위, 바위, 보를 데리고 교실로 갔어요.

"안녕! 우리는 가위, 바위, 보라고 해. 너희들과 가위바위보 놀이를 하고 싶어."

궁금해하는 아이들을 보며 가위, 바위, 보가 이야기했어요.

가위, 바위, 보의 구령 소리에 맞춰 친구들도 손가락을 폈다 접었다 하며 따라했어요.

가위바위보를 해서 이긴 사람이 진 사람을 간지럽히면서 놀았어요.

가위, 바위, 보는 "가위바위보를 해서 가장 많이 이긴 사람에게 꽃다발을 줄게."

서로 서로 가위바위보 놀이를 해요.

끝까지 가위바위보를 해서 이긴 사람은 유나였어요.

"가위바위보 공주에게 꽃다발을 주겠습니다."

유나는 선물로 꽃다발을 받았어요.

꽃다발을 받은 유나는 엄마한테 꽃다발을 드리고 싶어 쏜살같이 집으로 달려갔어요.

▶ 동요

가위바위보

♣ 놀이를 마무리하며

저자의 경험으로 보면 가위, 바위, 보의 규칙을 이해하고 가위, 바위, 보에서 패해도 자기감정을 조절하며 게임에 임할 수 있는 연령은 6~7세 정도가 되어야 할 듯하다. 6~7세가 되어 가위, 바위, 보를 자유자재로 활용할 수 있다면, 이때부터 가위, 바위, 보를 활용한 다양한 게임이 가능해진다. 1대 1게임, 편 게임, 신체 게임 등 교실에서 게임의 방법을 정하거나, 게임 진행의 도구로서 훌륭한 기능을 하는 것이 바로 가위, 바위, 보이다. 또한 가위, 바위, 보의 가장 큰 장점은 별도의 놀이도구가 필요 없다는 것이다. 우리 몸이 게임의 도구가 되는 간편하고도 재미있는 게임이 바로 가위바위보 놀이다.

제5장

자연놀이

　자연은 유아에게 좋은 놀이공간이자 경험의 장이다. 자연 속에서 유아들은 동·식물을 관찰하고, 놀이를 하고, 마음껏 뛰어다니며 자연 속의 모든 것과 상호작용하게 된다. 이와 같이 자연을 접하면서 유아들은 풀, 꽃, 나무, 곤충, 동물 등의 생태를 알게 되고, 살아있는 생명에 대한 존중심도 갖게 될 것이다.

　유아에게 자연은 가장 훌륭한 놀이 친구이다. 유아들이 자연을 체험하며 자연환경에 내포된 살아있는 생명체들의 다양한 의미를 내면화하는 과정에서 나무, 흙, 꽃, 풀, 돌, 열매 등은 유아들에게 훌륭한 친구가 되고 놀잇감이 된다. 자연에서 가져온 놀잇감은 유아들에게 서로 다른 의미를 부여하면서 창의적인 놀이로의 확장을 가져온다. 유아는 자연 친화적 놀잇감으로 자유롭게 놀이를 구성하며 정해진 규칙이 아닌 자신만의 놀이 방법을 찾고, 자발적이고 적극적으로 놀이에 참여함으로써 자연과 교감하면서 놀이를 창조하고 즐기며 건강한 심신을 도모하게 된다. 자연과 놀이로부터 받는 자극, 사람과의 관계에서 얻을 수 있는 경험은 유아의 신체 성장 및 두뇌 발달을 돕는다.

　특히 자연놀이에서 유아는 날씨의 변화, 다양한 자연의 소리, 햇빛에 따른 온도, 명암, 그림자의 변화와 같은 다양한 환경적 자극으로 크고 작은 변화를 경험할 수 있으며, 여

러 곤충과 식물, 동물에 대한 관찰, 교감, 생태 이해 등 탐구의 기초를 이루는 다양한 경험적 놀이를 통해 전인적 성장을 도모할 수 있다.

놀이는 단순한 경험이 아니라 세상을 살아가며 만나는 수많은 문제를 해결하고 배워가는 앎과 삶의 방식이라는 점을 잊어서는 안 될 것이다.

• 일러두기
  본 장에서 제공하는 이야기는 이경미 저자, 동요는 김연희 저자가 창작한 작품입니다.

61 자연물 투호놀이

1. 준비물
나뭇가지, 낙엽, 열매, 돌

2. 놀이방법
① 길쭉한 나뭇가지, 고운 낙엽, 열매를 모은다.

② 나뭇가지에 낙엽, 열매를 끈으로 묶는다.

③ 나뭇잎과 돌을 이용하여 화살을 던져서 넣을 두 개의 원을 만든다.

④ 시작점에서 나뭇가지 화살을 둥근 원 안으로 던져 넣는다.

3. 지원활동

▶ 놀이이야기

반디는 엄마, 아빠와 가을 숲으로 놀러갔어요.

숲길을 걸으며 숲 냄새를 맡고, 바람 소리도 듣고, 울긋불긋 나뭇잎이 예쁜 단풍으로 물들고 봄에 맺힌 열매가 뜨거운 여름에 자라서 가을에 풍성한 열매를 맺었어요.

아빠는 숲에 있는 나뭇가지에 낙엽을 붙이고 열매를 매달아 나뭇가지 화살을 만들어서 투호놀이를 하자고 하셨어요. 엄마는 옛날부터 친한 사람들이 모였을 때, 마을에서 경사스러운 축제를 할 때 투호놀이를 했다고 알려주셨어요. 아빠랑 자연물로 화살을 만들어 신나게 투호놀이를 하니 행복했어요.

곱게 물들은 낙엽아, 열매야 고마워.

아빠, 엄마 고맙습니다.

▶ 동요

동요

투호놀이

슝 슝 화 살 을 던 져 라

항 아 리 속 으 로 던 져 라

우 리 팀 화 살 이 쑥 들 어 갔 다

투 호 놀 이 참 말 로 재 밌 다

반주

♣ 놀이를 마무리하며

자연물로 할 수 있는 놀이는 무궁무진하다. 단순한 기능놀이 부터 구성놀이, 상상놀이, 역할놀이, 규칙 있는 게임 등 유아들의 흥미와 생각과 아이디어에 따라 어떠한 놀이도 가능하다. 자연물 투호놀이는 전래놀이인 투호놀이의 규칙을 적용해 투호 대신 나뭇가지, 낙엽, 열매 등의 자연물 도구를 이용하는 놀이이다. 자연물로 투호놀이를 하니, 기존의 전래 놀이도구로 진행했을 때 보다 유아들이 더 쉽고 친숙하게 접근하였다. 전래 놀이도구로 진행했을 때는 도구에 대한 낯설음과 실패에 대한 두려움으로 더 긴장한 것처럼 보였지만, 자연물로 놀이를 하니 시합이 아닌 정말 놀이로 시도하고 즐기는 모습을 보았다. 놀잇감에 따라서 유아들의 놀이에 대한 접근에 차이가 있음을 발견하였다.

62 꽃과 열매로 밥상 차려요

1. 준비물
나뭇가지, 낙엽, 열매, 돌

2. 놀이방법
① 예쁘게 물들인 나뭇잎으로 큰 그릇을 만든다.

② 상수리 껍질을 작은 그릇으로 사용한다.

③ 나뭇가지로 젓가락을 만든다.

④ 고운 꽃들과 열매로 요리를 하여 밥상을 차린다.

⑤ 손님을 초대하여 감사한 마음으로 대접한다.

3. 지원활동

▶ 놀이이야기

햇님이 나무들을 푸르게 하고 진달래, 산수유 꽃을 피우고 열매들이 주렁주렁 매달리기 시작했어요. 숲 속에서 놀던 반디는 요리사가 되어 엄마 아빠에게 맛있는 숲속 꽃밥을 차려드리기로 했어요.

반디는 숲속의 열매, 나뭇가지, 토끼풀, 나뭇잎으로 그릇도 만들고 요리를 해서 건강한 밥상을 차렸답니다. 붉게 물든 나뭇잎과 상수리 껍질 그릇위에 꽃과 열매로 예쁘게 차린 숲속밥상을 받으신 엄마, 아빠도 무척 기뻐하셨어요.

엄마, 아빠 건강하세요. 엄마, 아빠 사랑해요.

▶ 동요

동요

꽃과열매로밥상을차려요

오늘은특별한 날 오늘은행복한 날

기쁨이가득담 긴 선물을드릴게 요

나뭇잎그릇에 꽃과열매 – 밥상을차릴게 요

감사한마음으 로 대접해드릴게 요

반주

♣ 놀이를 마무리하며

유아들은 소꿉놀이를 즐긴다. 두 명 이상이 모이면 가장 흔하게 하는 놀이가 소꿉놀이이다. 유아들의 소꿉놀이는 장소에 구애받지도 않는다. 교실에서도, 후미진 계단 밑에서도, 바깥놀이장에서도! 심지어는 자연에 나가서도 소꿉놀이는 어김없이 이루어진다. 숲속 소꿉놀이의 주요 놀잇감은 당연히 자연물이다. 나뭇잎이 그릇이 되고, 꽃과 열매는 밥과 반찬이 된다. 흙과 돌멩이들도 주요 재료로 쓰인다. 꼬물꼬물 작은 손으로 흙과 돌과 나뭇잎, 나뭇가지, 꽃, 열매 등을 가지고 한상 거하게 차려서 부모님을 초대하고 대접하는 우리 꼬맹이들의 모습이 얼마나 사랑스러운지…. 경험해보지 않은 사람은 모를 것이다.

⑥⑶ 풀꽃 물들이기

1. 준비물

예쁜 풀잎, 꽃잎, 나뭇잎, 손수건. 비닐(OHP필름), 고무망치 또는 작은 돌

2. 놀이방법

① 풀잎, 나뭇잎, 꽃잎을 따다가 손수건 반쪽에 예쁘게 꾸며서 놓아본다.

② 손수건을 반을 접고 그 위에 비닐 또는 OHP필름으로 덮고 고무망치나 돌로 콩콩 두드려 색이 배어 나오도록 한다.

③ 풀, 꽃으로 물들인 손수건을 햇빛에 살짝 말린다.

④ 물들인 손수건의 향기를 맡아본다.

3. 지원활동

▶ 놀이이야기

햇살이 반짝이는 어느 날, 반디는 엄마와 손잡고 동네 뒷산으로 올라갔어요.

오늘 친구들과 풀꽃 물들이기를 하기로 했거든요.

엄마와 함께 뒷동산에서 나뭇잎, 풀잎, 꽃잎을 한 바구니 가득 따서 집으로 돌아왔어요. 그리고 친구들과 향기 나는 손수건을 만들었지요.

손수건 위에 풀잎을 놓고 돌멩이로 두드렸어요. 토닥토닥 두드리는 소리는 노랫 소리 같았어요. 물감도 없는데 손수건이 무지개처럼 예쁜 색깔로 물이드니 놀라웠어요.

내가 만든 손수건이 살랑살랑 봄바람을 따라 움직이는데 풀잎 냄새, 꽃잎 냄새, 나뭇 잎 냄새가 났어요.

향기로운 자연의 냄새가 반디를 기분 좋게 했답니다.

▶ 동요

동요

풀꽃물들이기

초 록 빛 나뭇잎으로 물 - 들이 면

숲 속 요 정 좋아하 는 색 이 되 지 요

빠 알 간 꽃잎으 로 물 - 들이 면

색 깔 요 정 좋아하 는 색 이 되 지 요

반주

♣ 놀이를 마무리하며

자연의 색은 사람의 마음을 편안하게 한다. 나뭇잎색, 꽃잎색, 풀잎색 등 자연의 색은 인공적으로 만들어진 세련된 색은 아니지만 따뜻하면서도 시원하고, 화려하면서도 소박하다. 자연의 색은 그때 그때의 감정에 따라, 기분에 따라, 우리에게 편안함과 위안을 주는 힘이 있다. 그래서 나는 유아들이 자연이 가지고 있는 다양한 색을 직접 접하고, 경험하기를 원한다. 특히 나뭇잎, 꽃잎, 풀잎 등을 물들여서 얻는 자연의 색을 접하고 그 은은함과 따뜻한 색감의 느낌을 경험하기를 원한다. 그런 경험이 유아들이 어른이 되어서도 자연의 색으로 위안 받고 힐링하기를 바란다. 지금의 나처럼 말이다.

64 자연물 공기놀이

1. 준비물

도토리, 밤, 작은 돌, 찰흙 돌

2. 놀이방법

▶ 기본 공기

① 공기 다섯 알을 던져서 흩어놓고 한 알을 집어 공중에 던진 후 나머지 네 알을 차례로 한 알씩 집는다.

② 한 알을 공중에 올려놓고 두 알씩, 세 알씩, 네 알씩 순서대로 받아낸다.

③ 꺾기에서 다섯 알을 위로 던져 손등에 받는다. 그리고 다시 위로 올린 후 공중에서 잡아낸다.

   * 기본 공기놀이가 어려워서 상대적으로 좀 더 쉬운 유아들은 주로 코끼리 공기놀이를 주로 한다.

▶ 코끼리 공기

① 두 손을 깍지 끼고 두 번째 손가락만 내밀어 공기를 하나씩 집어 깍지 낀 손바닥 사

이로 공기를 넣는다. 옆의 공기를 건드리면 다른 친구가 한다.

＊손 등에 공기 한개 두개 세 개를 올려놓고 엄지와 검지로 공기를 한 개씩 집어 다른 손바닥에 놓는데 손등에 공기가 떨어지면 다음 친구가 한다.

3. 지원활동

▶ 놀이이야기

시원한 어느 가을날 반디네 가족은 시골 할머니 댁으로 놀러갔어요.

할머니 댁 뒷산에 밤나무가 있었는데, 밤나무 밑에 알밤이 수북하게 쌓여 있었어요.

언니는 밤알들을 땅 바닥에 흩뜨려 놓은 다음에 저에게 공기놀이를 하자고 했어요. 정말 작은 알밤 알갱이들이 언니랑 놀이하던 공기 알갱이 같았거든요.

반디는 언니랑 공기놀이, 코끼리 공기 했어요. 마지막에 꺽기를 할 때는 가슴이 두근 두근 거렸어요. 옆에서 구경하던 엄마도 추억의 공기놀이라며 고추장 길게 찍기를 가르 쳐주셨어요. 엄마는 어릴 적 친구들이랑 옹기종기 모여 앉아서 공기놀이 하던 추억이 생각난다며 행복해 하셨어요.

▶ 동요   동요

공기놀이

한 알씩잡기 성공 — 두 알씩잡기 성공 —

세 알씩잡기 성공 — 네 알 잡기도 성공

손 등에공기를 올 려서 꺽 기를해보 자

다섯알을던져 올려 — 손 등위로올려 보자

반주

♣ 놀이를 마무리하며

우리가 일반적으로 하는 다섯 알 공기놀이는 유아들이 하기에 어렵다. 그러나 어렵다고 놀이를 포기할 유아들이 아니다. 유아들은 어려운 다섯 알 공기놀이 대신에 다른 방법의 공기놀이를 시도하였다. 유아들은 공기돌 모으기 게임, 바보공기라 불리는 일명 코끼리 공기놀이를 주로 하였다. 교실에서의 이러한 공기놀이 경험을 유아들은 자연에 나가서도 여지없이 시도하였다. 도토리, 작은 알밤, 작은 돌 등을 모아서 교실에서 했던 공기놀이를 자연물 공기놀이로 전환하여 실시하였다. 이처럼 유아들은 놀이할 수 있는 장소와 도구들만 주어지면 거침없이, 지체 없이 또 그렇게 놀이를 한다.

65 지혜쟁이 애벌레

1. 준비물
쓰러진 나뭇가지

2. 놀이방법
① 숲속에서 나뭇가지가 모여 있는 곳을 찾는다.

② 애벌레의 먹이에 대해 알아보고, 지혜쟁이 애벌레의 생태에 대하여 이야기한다.

③ 나뭇가지에 올라가 애벌레처럼 기어 다니며 노래도 불러본다.

④ 애벌레가 되어 나뭇가지에서 누가 먼저 떨어지나 게임도 해본다.

⑤ 애벌레가 나비가 되는 과정을 표현해본다.

3. 지원활동

▶ 놀이이야기

나뭇잎 소리, 풀벌레 소리, 산새들의 짹짹 소리…. 자연의 소리로 가득한 숲속에서, 반디는 오빠와 친구들이랑 나뭇가지에 매달려 놀았어요.

오빠가 꿈틀 꿈틀 애벌레 놀이를 하자고 했어요.

애벌레는 커서 훨훨 날아다니는 나비가 되니까 이름이 두 개래요.

애벌레는 나뭇잎을 좋아하는 편식쟁이래요. 그래서 애벌레 엄마는 알에서 깨어나 애벌레가 되면, 좋아하는 나뭇잎을 실컷 먹을 수 있도록 나뭇잎에서 알을 낳는대요. 또 애벌레는 나뭇잎 먹이를 먹으면서 먹이와 같은 초록색으로 변해서, 무서울 때 나뭇잎에 붙어서 눈에 띠지 않도록 자신을 보호하는 지혜쟁이라고 해요.

우리들은 다 같이 애벌레처럼 나뭇가지에서 꿈틀꿈틀 기어 다니고, 높은 하늘 넓은 벌판을 아름다운 나비가 되어 날아가듯이 신나게 놀았어요.

▶ 동요

동요

애벌레야

반주

♣ 놀이를 마무리하며

자연에서 놀이하는 유아들은 동물박사, 식물박사, 자연박사가 된다. 특히 유아들은 곤충이나 벌레에 관심을 많이 보인다. 나뭇잎에서 애벌레라도 발견하는 날은 유아들에게 아주 특별한 날이 된다. 그리고 본인들이 알고 있는 애벌레의 생태에 대해 이야기하기 시작한다. 애벌레가 자기가 나온 알의 껍질을 갉아먹는다는 이야기, 먹이(잎)를 먹기 시작하면서 보호색으로 먹이와 같은 초록색을 띄는 벌레도 있다는 이야기 등 각종 지식을 뽐낸다. 관심 없던 유아들도 애벌레의 생태에 대해 관심을 갖게 된다. 이렇게 자연은 우리 아이들은 똑똑이 곤충 박사로 만든다.

66 낙엽 축구공

1. 준비물
낙엽들, 양파망 또는 비닐봉투

2. 놀이방법
① 비닐봉투 또는 양파 망에 낙엽들을 넣어 공처럼 둥근 모양을 만든다.

② 두 팀으로 나누고, 축구경기의 규칙을 정한다.

③ 양쪽 팀의 축구 골대를 정한다.

④ 규칙을 잘 지키며 축구 경기를 한다.

⑤ 친구들은 힘차게 응원한다.

3. 지원활동

▶ 놀이이야기

친구들아 모여라 축구하자!

반디는 낙엽축구공을 만들어 친구들과 축구시합을 했어요.

높은 하늘로 튕겨 오르는 축구공! 패스해! 패스해!

친구들은 공을 차라고 소리치며 넓은 벌판을 신나게 달렸어요.

넓은 벌판에서 하나, 둘, 셋, 달리며 공을 차면 얼마나 재미있고 신나는지 몰라요.

한 번, 두 번 넘어져도 다시 일어나 힘차게 뛰었답니다.

산새들도 우리를 따라 힘차게 소리 질러 쨱쨱쨱 응원해주었답니다.

▶ 동요

♣ 놀이를 마무리하며

낙엽은 유아들에게 최고의 놀잇감이다. 미술 표현놀이의 좋은 재료이기도 하고, 역할놀이나 신체표현놀이, 음율놀이에도 더없이 훌륭한 재료이다. 그런데 이렇게 많은 놀이 중에서 남자 유아들에게 가장 인기 있는 놀이는 단연코 낙엽으로 축구공을 만들어서 시합을 했던 낙엽축구이다. "힘들이지 않고 차도 잘 차져요…, 멀리 잘 차져요…" 유아들이 낙엽축구 놀이를 선호하는 이유이다. 낙엽축구놀이를 실컷 한 후 땀에 흠뻑 젖어서 "재밌다. 그지?" 하고 말하는 유아들은 놀이를 마음껏 즐기며 에너지를 발산하였을 것이다. 낙엽축구공놀이는 낙엽을 많이 모을 수 있는 늦가을에만 가능한 놀이이므로 아쉽게도 유아들에게는 귀한 놀이이다.

67 예쁜 풀각시 인형

1. 준비물

들에 피는 풀(각시풀, 달래, 무스카린 등), 낙엽, 나무막대기, 끈

2. 놀이방법

① 들과 산에 피는 풀잎들을 관찰한다.

② 각시풀에 머리카락을 땋아 주고, 낙엽으로 치마랑 저고리를 만들어 입힌다.

③ 신랑 인형도 만들어 결혼식 놀이도 해본다.

④ 여러 가지 풀과 꽃으로 소꿉놀이를 한다.

3. 지원활동

▶ 놀이이야기

따뜻한 어느 봄날 반디는 엄마와 함께 마을 들판에 피어있는 풀과 나무로 풀각시 인형을 만들었어요. 풀각시 인형놀이는 우리 엄마가 어렸을 때 친구들과 함께 했던 놀이래요. 엄마는 동네 아이들과 각시풀로 머리카락을 땋아서 장식하고, 예쁜 인형을 만들어 신랑각시 놀이를 했대요. 엄마는 풀각시 인형놀이 할 때 불렀던 노래도 불러주셨어요

앞산의 빨간 꽃

빨간 꽃은 치마 짓고

뒷산의 노란 꽃

노란 꽃은 저고리 지어

풀각시 머리하고

흙가루로 밥을 짓고

솔잎으로 국수 말아

풀각시를 절 시키자

풀각시가 절을 하면

망건 쓴 신랑이랑

꼭지꼭지 흔들면서

밥주걱에 물마시네

반디는 엄마가 불러주는 노래를 들으며 풀각시 신랑, 신부 인형을 예쁘게 꾸며 주었답니다. 들에 핀 민들레도, 살랑살랑 바람도 풀각시 신랑, 신부 인형의 결혼을 축하해주었답니다.

풀각시인형놀이

동요

노 – 란 꽃 저 고 리 빨 간 낙 엽 치 – 마

곱 – 게 지 어 서 옷 입 혀 주 고

각 시 풀 로 머 리 카 락 곱 게 곱 게 따 아 서

풀 각 시 신 랑 신 부 인 형 놀 이 하 – 자

반주

♣ 놀이를 마무리하며

요즘 유아들에게는 태어나면서부터 흥미를 끌고 재미를 주는 장난감이 당연하게 주어지고 있다. 그런데 유아들과 자연놀이를 하다 보니, 오히려 상품화된 놀잇감이 없던 옛 시절의 놀이가 더 다양하고 재미있고 창의적이라는 생각이 든다. 풀각시인형 놀이도 마찬가지이다. 무엇 하나 같은 게 없는 다양한 모양과 색감과 질감의 식물들을 가지고 그 쓰임에 맞도록 놀이하고 만들고 즐기는 과정이 유아들로 하여금 다양한 생각과 경험을 하게 만든다. 각시풀을 땋아서 머리카락을 만들고 낙엽으로 치마, 저고리 만들어 인형을 만들고, 신랑각시 놀이를 했던 그 시절, 그 놀이… 지금 생각해도 재미있고 발달적으로도 의미 있는 훌륭한 놀이이다.

68 들국화 공주

1. 준비물

들국화, 지끈류

2. 놀이방법

① 들국화의 종류와 꽃말에 대하여 이야기 나눈다.

② 들국화로 화관, 목걸이, 머리핀 등을 만들어본다.

③ 들국화로 만든 액세서리로 나를 예쁘게 꾸며본다.

④ 들국화 반지를 만들어 친구들에게 선물해본다.

3. 지원활동

▶ 놀이이야기

하늘이 유난히 높고 파란 어느 가을 날, 반디는 언니랑 들길을 걸어가고 있었어요.

그런데 너무나 아름다운 향기가 날아와 걸음을 멈추었지요. 향기를 쫓아서 찾아가보니 들녘에 들국화가 예쁘게 피어 향기를 뿜고 있었어요.

언니는 들국화를 곱게 장식하여 무언가를 만들기 시작했어요. 지끈을 풀어 틈 사이에 들국화를 꽂아 화관을 만들었어요. 들국화로 목걸이도 만들고, 반지, 팔지, 머리핀도 만들었지요.

언니는 반디에게 들국화 화관을 씌어주고, 목걸이, 반지, 팔지, 머리핀을 꽂아주었어요. 반디는 너무 기분이 좋았어요.

반디는 향기 나는 들국화 공주가 되어 멋진 왕자님을 만났어요.

살랑살랑 바람도 찾아와 국화 향기를 왕자님에게 뿜어주었답니다.

▶ 동요

동요

들국화꽃

가 - 을 들길에 향 - 기가 가 득

따 라 가 보 니 들 국 화 꽃 있 네

어 여 쁜 들 국 화 색 - 깔 도 곱 네

가 을 향 기 는 들 - 국 화 향 기

반주

♣ 놀이를 마무리하며

국화는 대표적인 가을꽃이다. 가을이면 해마다 우리 유치원에는 국화꽃 향기가 가득하다. 활짝 핀 국화 화분을 현관 입구며 복도와 교실 등등 곳곳에 놓아준다. 노란빛, 붉은빛, 보랏빛 국화꽃이 곳곳에서 향기를 뿜으며 우리 아이들에게 가을의 기분을 고조시킨다. 그리고 반디에서 실시하는 국화꽃 축제에도 참여하여 각양각색의 국화꽃을 감상하며 가을의 정취를 느끼도록 하였다. 더 나아가 국화꽃 화관, 국화꽃 반지 등을 만들며 국화꽃에 대한 추억을 만들어주었다. 나는 우리 아이들이 가을 국화의 추억을 간직하며 가을이 되면 추억의 미소를 지을 수 있기를 소망한다.

69 신발 멀리 던지기

1. 준비물

신발, 박스

2. 놀이방법

① 시작점을 정하고 선을 그어 표시한다.

② 신발이 들어갈 공간을 원이나 네모 모양으로 표시한다.

③ 선 앞에 서서 순서대로 한쪽신발을 모양 안으로 던져 넣는다.

④ 이번에는 손이 아닌 발로, 모양 안으로 던져 넣어본다.

　＊신발이 선 밖으로 벗어나면 실격이다.

　＊신발 던져 넣을 곳을 그리는 대신 박스 등을 사용할 수 있다.

3. 지원활동

▶ 놀이이야기

나란히… 나란히… 나란히…. 맷돌위에 신발들이 나란히, 나란히, 나란히…. 반디는 친구들과 노래를 부르며 신발 던지기 게임을 했어요.

마당에 커다란 동그라미를 그려놓고 그 안으로 하얀 운동화, 리본 달린 구두, 파란색 슬리퍼 등을 힘껏 던졌어요. 반디가 "신발아, 아프지? 던져서 미안해" 했더니 신발이 "나도 하늘을 날 수 있어서 즐거웠어, 괜찮아"라고 했어요.

반디는 집으로 돌아 와서 신발장에 신발을 나란히 놓으면서 아빠께 친구들과 재미있게 신발던지기 놀이를 했다고 말씀드렸어요. 아빠는 어렸을 때 친구들이랑 신발 던지기 놀이를 하다가 신발이 풀밭으로 떨어져 잃어버려서, 할머니께 혼날까봐 집에도 못 들어가고 울었던 기억이 떠오른다고 하셨어요. 우리 아빠도 신발던지기 놀이의 추억을 가지고 있었네요. 반디는 아빠께 "아빠, 우리 가족 모두 모여 신발던지기 놀이를 해보아요." 하고 가족 게임을 제안하였답니다. 이제 우리 가족은 신발던지기 놀이의 행복한 추억을 함께 가지게 되었어요.

▶ 동요

동요

신발멀리던지기

신 발 한 짝 을 벗 어 들 고 서

누 가 멀 리 던 지 나 시 합 해 보 자

여 기 선 앞 에 함 께 서 보 자

하 나 둘 셋 하 면 던 져 라

반주

♣ 놀이를 마무리하며

놀잇감이 많지 않던 시절, 그때는 주변의 모든 사물들이 놀잇감이 되었다. 화려하지도 세련되지도 않지만 우리 주변의 일상에서 자주 사용하는 소박하고 정스러운 놀잇감들이 우리들의 놀이 친구가 되어주었다. 신발도 마찬가지이다. 요즘 유아들은 과거에 신발로 재미있게 놀이했다는 사실을 매우 신기해했다. 그리고 신발로 할 수 있는 몇 가지 놀이방법을 생각해내고 직접 경험을 하며 즐거워했다. 유아들은 다양한 의견과 제안, 동의, 타협의 과정을 거쳐서 놀이를 정하였다. 신발을 던져서 원안에 넣기, 신발 멀리던지기, 신발 높이 던지기, 신발굴리기 등 신발로 해볼 수 있는 놀이는 다 해본 것 같다. 내일은 손으로 던지기 말고 발에 신발을 끼워서 힘껏 움직여서 신발 멀리보내기 놀이를 하기로 하였다. 내일도 많은 의사소통과 협업이 놀이 안에서 이루어질 것이다.

70 자연물 소꿉놀이

1. 준비물
여러 모양의 그릇, 풀, 꽃, 흙, 작은 돌, 조개껍데기, 솔잎 등

2. 놀이방법
① 소꿉놀이에서 각자 맡을 역할을 정한다.

② 풀, 꽃, 흙, 작은 돌, 솔잎 등을 가지고 음식을 요리하고, 여러 모양의 그릇으로 상차림을 해본다.

③ 가정에서의 살림살이를 흉내 내어 놀이를 한다.

④ 가족놀이, 신랑각시 등 놀이에서 정해진 호칭을 부르며 즐겁게 놀이한다.

3. 지원활동

▶ 놀이이야기

우리 집 마당 소나무 밑에는 노랑꽃, 빨간 꽃, 예쁜 풀들이 피어있어요.

따뜻한 봄날 양지바른 곳에서 친구들이 옹기종기 모여앉아 소꿉놀이를 한답니다.

풀, 꽃, 흙, 작은 돌, 조개껍데기, 솔잎으로 피자도 만들고 국수도 만들었답니다.

손님을 초대하여 신랑각시 놀이도 하였답니다.

피자는 흙을 곱게 쳐서 반죽하고, 그 위에 여러 가지 꽃으로 장식해서 만들었고요.

국수는 솔잎 위에 물을 붓고 풀잎으로 장식해서 부모님께 드렸어요.

신랑, 각시 정하고 손님을 초대해서 대접하며 즐거운 소꿉놀이를 하였답니다.

▶ 동요

동요

소꿉동무

반주

♣ 놀이를 마무리하며

마당에서 하는 소꿉놀이의 가장 중요한 재료는 흙이다. 소꿉놀이용 주방도구나 그릇들을 바깥놀이장에 놓아주었다. 이제 유아들은 그릇에 모래흙을 담았다 엎었다를 반복하며, 그 그릇에 담은 흙을 밀가루인양 하며 음식 만들기 놀이로 전환한다. 그리고 그 다음날에는 텃밭 앞에서 흙을 모아 담아서 음식을 만들기 놀이를 시작하였다. 피자도 만들고, 국수도 만들고, 김치도 만들고. 흙과 돌멩이들, 나뭇잎, 꽃 등을 더해서 진수성찬으로 음식을 만들고 차려내었다. 자연에서 즐기는 소꿉놀이는 유아들의 일상 경험이 재구성된다. 여기에 유아들의 상상력이 더해져서 놀이가 더욱 풍성해짐을 관찰할 수 있었다.

⑦ 실뜨기(거미줄)

1. 준비물
나뭇가지, 마 끈, 낙엽, 풀잎, 꽃잎

2. 놀이방법
① 거미줄 모양을 세로줄 가로줄로 실뜨기로 만들어본다.

② 긴 줄로 큰 거미줄 집을 만들어 미션에 따라 (위로 아래로 옆으로) 통과해본다.

③ 거미처럼 높은 곳으로 올라가고 아래로 내려오는 놀이를 해본다.

  * 거미는 누가 거미줄을 건드리면 바로 거미줄을 돌돌 감아 버리니 조심해야 한다.

    따라서 거미줄을 건드리면 아웃이다.

3. 지원활동

▶ 놀이이야기

시골 할아버지 댁 처마 밑에는 거미줄이 있어요.

거미줄을 보고 신기해하니 할아버지께서는 반디에게 재미있는 거미줄 이야기를 들려주셨어요.

옛날 옛적 거미를 매우 싫어하는 왕이 있었대요. 그런데 어쩌다 보니 왕이 전쟁에서 패하고 적에게 쫓기는 신세가 되었대요. 그래서 왕은 작은 동굴에 숨었는데 적들이 동굴까지 들이닥쳤답니다. 하지만 왕이 동굴로 숨자마자 거미들이 동굴입구에 거미줄을 잔뜩 쳐놓았고, 적군들은 동굴입구의 거미줄을 보고는 "왕이 동굴에 들어갔다면 이처럼 거미줄이 잔뜩 쳐 있을 리가 없다" 하며 그냥 돌아가 버렸대요.

간신히 목숨을 건진 왕은 거미를 좋아하게 되었고, 평생 고마워하게 되었답니다.

▶ 동요

거미줄놀이

♣ 놀이를 마무리하며

거미는 곤충처럼 보이지만 곤충이 아닌 동물이다. 그리고 독특하게 그물을 쳐서 알을 낳아 놓거나 먹이를 잡을 수 있는 거미줄을 생성하기 때문에 유아들의 관심과 호기심을 매우 높이는 동물이기도 하다. 교실에서 색테이프로 공간을 연결하여 거미줄 만들기와 거미잡기 놀이를 하더니, 자연에서도 각종 자연물들을 이용하여 거미줄을 만들고 거미잡기 놀이를 재미있게 하였다. 또한 거미줄 특유의 방사선 모양 안에 각종 자연물을 채워서 꾸미기를 하니 자연물 모자이크가 되기도 하였다. 거미는 유아들에게 놀이에 대한 무궁무진한 영감과 놀잇거리를 제공해 주는 신기하고 재미있는 동물이다.

72 두꺼비집

1. 준비물

고운 흙 또는 모래, 풀잎, 꽃잎, 물

2. 놀이방법

① 흙이나 모래가 있는 곳을 찾아 두꺼비집을 지을 곳을 정한다.

② 흙냄새를 맡으며 땅바닥을 동그스름하게 판다.

③ 한 손은 주먹을 쥐어 그 안에 넣고, 다른 한 손으로 흙(모래)을 덧쌓아가며 톡톡 무너지지 않게 두드린다.

④ 흙(모래)이 단단해지면 손을 살그머니 뺀다. 이 때 흙(모래)이 무너져 내리지 않도록 해야 한다.

* 튼튼하게 집을 짓기 위해서 흙에 물을 뿌리면 단단한 집이 된다.

* 깊고 넓은 집을 지으려면 팔뚝까지 넣고 두드린다.

3. 지원활동

▶ 놀이이야기

반디는 시골 할아버지 댁 마당에서 두꺼비집 짓기 놀이를 시작했어요.

두껍아! 두껍아! 헌집 줄게 새집 다오….

노래를 부르며 놀고 있는데,

할아버지께서 두꺼비집은 두꺼비가 들어가 살 만한 크기의 구멍이기 때문에

사람들이 두꺼비집이라 부른다고 말씀해주셨어요. 그리고 할아버지가 어렸을 때는

실제로 두꺼비집에 물을 붓고 두꺼비를 잡아놓고 놀았다고 하셨어요.

반디는 단단하게 두꺼비집을 만들어 풀잎이랑 꽃들로 꾸며놓고 두꺼비가 오기를 기
다렸어요.

두껍아! 두껍아! 튼튼하고 예쁜 집 줄게. 이사 오렴.

▶ 동요
동요

두껍아

두 껍 아 두 껍 아 어 디 에 서 사 니

나 는 풀 밭 에 서 돌 밑 에 서 살 지

아 이 고 두 꺼 비 는 집 이 없 구 나

내 가 흙 을 쌓 아 집 을 지 어 줄 께

반주

♣ 놀이를 마무리하며

손과 팔을 흙 안에 파묻고 손을 흙에 맡겨야 하는 놀이가 두꺼비집 놀이이다. 처음에 흙 묻히기를 꺼려하던 유아들도 흙이 주는 느낌에 대한 '손맛'을 알게 되면 그 이후로는 시간 가는 줄 모르고 흙 놀이에 매달린다. 맨 흙으로 놀기도 하고, 흙과 물을 섞어서 놀기도 한다. 두꺼비집을 만든 뒤 손을 살짝 빼야 두꺼비집이 무너지지 않기 때문에 유아들은 손의 힘을 조절하며 흙에서 손을 빼는 기술도 습득한다. 그리고 맨 모래보다 모래와 물을 조금 섞었을 때 두꺼비집이 힘이 유지되어 무너지지 않는다는 것도 알게 되어 흙과 물을 섞어 농도를 조절하기도 한다. 유아들은 문제에 부딪혀도 놀이의 성공을 위해서 정보를 모으고 분석한다. 여러 번 시행착오를 거치기도 하지만 결국 대안을 제시하여 문제를 해결한다. 두꺼비집 놀이는 참 과학적인 놀이이다.

73 겨울나무 꾸며주기

1. 준비물
잠자는 나무, 도화지, 색연필, 사인펜, 가위, 빵끈

2. 놀이방법
① 낙엽이 떨어지고 가지만 남아 있는 나무에게 인사를 한다.

② 나무에게 선물 해주고 싶은 것을 그리고, 색칠하고, 오려서 나뭇가지에 달아준다.

③ 주변에 있는 열매나 꽃들도 나뭇가지에 장식해본다.

④ 나무에게 고마운 마음을 전한다.

3. 지원활동

▶ 놀이이야기

찬바람이 쌩쌩 부는 숲속, 나무들은 춥다, 춥다 하네요.

나무는 봄에는 연초록 잎, 여름에는 진한 초록 잎, 가을에는 고운 단풍잎으로 변하면서 우리에게 행복을 주었지요.

벌레를 자라게 하고, 새들을 노래하게 하고, 숲을 아름답게 했지요.

나무가 우리에게 행복, 기쁨, 건강을 선물해 주었으니 감사하는 마음으로 잠자는 나무를 꾸며주기로 했어요.

예쁜 내 모습을 그려서 꾸며주고, 새들도, 꽃들도, 열매도 그려서 달아 주었어요.

세상 이야기도 바람에게 전해 들으며 항상 그 자리를 묵묵히 지켜주는 나무야!

꽃피는 봄이 오길 기다리는 나무야!

잘 자고 일어나 싹을 피워라! 잘 자고 일어나 꽃을 피워라! 잘 자고 일어나 열매를 맺으렴. 눈이 오면 눈사람 친구도 만들어 주고, 노래도 불러줄게!

▶ 동요

동요

겨울나무

나 무야 추운 겨 울 잘 지 내 니

그 많던 나뭇잎 들 다 내어 주 고

맨 몸으로 찬 바 람 들 맞고 있 구 나

내 - 가 따 뜻 하 게 옷 입혀 줄 께

반주

♣ 놀이를 마무리하며

사회적 관계 형성에서 중요한 덕목이 공감능력이다. 공감능력에서 타인의 아픔과 기쁨에 함께 아파해주고 기뻐해줄 수 있는 감정이입이 중요한데, 상상력이 뛰어난 유아들은 동물과 식물들에게 감정이입을 잘한다. 대상은 동화속의 동물 친구일 수도 있고, 집에서 키우는 화초들도 감정이입의 대상이 될 수 있다. 겨울나무 꾸미기는 유아들의 공감능력을 키우기 위한 활동으로 시도되었다. 유아들은 예상대로 추운 겨울을 나고 있는 나무들에게 감정이입하여 옷도 그려서 입혀주고, 나뭇잎도 그려주고, 새들이 찾아가서 놀이도 할 수 있도록 해주었다. 우리 아이들이 따뜻한 마음 밭을 잘 간직하여 따뜻한 어른이 되기를 바란다.

꽃밭에 나비

1. 준비물
나뭇가지, 나뭇잎, 지끈

2. 놀이방법
① 여러 가지 색의 나뭇잎으로 나비 모양을 만들어본다.

② 손가락 고리를 만들어 끼워서 꽃밭에서 놀아본다.

③ 친구들이 나비가 되어 춤도 추고 노래도 불러본다.

3. 지원활동

▶ 놀이이야기

꽃밭에 예쁜 꽃들이 활짝 피었어요.

볼품없었던 애벌레는 아름다운 날개를 가진 나비로 변하여 나풀나풀 꽃들을 찾아왔지요.

나비는 꽃가루를 이리저리 옮겨주며 꽃에게 도움을 주었어요.

그리고 나비는 꽃들이 친구들에게 하고 싶은 말을 대신 전해주기도 했어요. 하늘하늘 날아다니며 튤립이 하는 말을 수선화에게 전해주었지요.

"수선화야, 튤립이 사랑한다고 전해달래" 라구요.

나비는 꽃들에게 이야기했어요. "나는 날개가 크기 때문에 높이높이 날아다닐 수 있단다. 그리고 단맛을 잘 찾아다닐 수 있어. 그러니 내가 날아가서 너희 친구들에게 대신 이야기를 전해줄게. 그리고 단맛을 찾아서 꽃가루도 옮겨줄게."

꽃들은 나비를 만나는 일이 너무 즐겁고 좋았답니다.

▶ 동요

동요

꽃과나비

봄 꽃 향기 가 너 무 좋 아

나 비 는 꽃 들 을 찾 아 갑 니 다

나 비 색 깔 이 너 무 예 뻐

꽃 들 도 나 비 를 좋 아 합 니 다

반주

♣ 놀이를 마무리하며

자연과 유아들의 상상력의 콜라보를 잘 보여주는 놀이가 '꽃밭에 나비' 놀이 인듯하다. 너무도 어여쁜 꽃들과 나비는 그 존재만으로도 유아들을 흥미 있게, 기쁘게 하기에 충분하다. 그들은 상상력 안에서 꽃과 나비를 사이좋은 친구로 만들어서 놀이한다. 나비는 꽃들에게 한없이 친절한 멋쟁이 나비가 되었고, 어여쁜 꽃들은 감사를 알고 나비에게 기꺼이 꿀을 내어주는 착한 꽃들이 되었다. 유아들의 상상력 안에서 놀이하면 걱정도 근심도 사라진다. 정서적 순화를 통해 유아를 행복하게 만드는 만드는 것, 이것이 놀이의 가장 큰 강점이다.

75 낙엽썰매, 눈썰매 타고 씽씽

1. 준비물

고동색 고무통, 칡 끈, 마 끈

2. 놀이방법

① 고동색 고무 통 양쪽에 구멍을 뚫어 칡 끈으로 묶어 썰매를 만든다.

② 가을에는 낙엽 위에서 타고, 겨울에는 흰 눈 위에서 탄다.

③ 썰매를 서로 밀어주고, 끌어주고, 뱅글뱅글 돌아보며 신나게 놀아본다.

　＊숲속에서 썰매를 타기 전에 나무뿌리, 돌 같은 위험한 것이 있는지 살피고 탄다.

　＊숲에 썰매를 탈 때는 서로 도와주며 질서를 잘 지켜야 한다.

　＊썰매는 내려갈수록 속도가 빨라지니 서로 조심해야 한다.

　＊썰매를 가족들과 직접 만들어본다.

▶ 놀이이야기

숲은 친구들이랑 어울려 뛰어노는 자연놀이터랍니다.

가을에는 씽씽 낙엽썰매를 타고 놀고요.

겨울에는 쌩쌩 눈썰매를 타고 놀아요.

낙엽썰매 타면 낙엽들이 사그락 사그락 소리 내어 재미있고요.

눈썰매 타면 눈 위에서 쌩쌩 미끄러져 재미있어요.

오빠는 반디를 썰매에 태워 뱅글뱅글 돌려주고 밀어 주기도 했어요.

친구들도 서로 썰매를 밀어주고 끌어주며 재미있다고 신이 났어요.

▶ 동요

낙엽썰매, 눈썰매

반주

♣ 놀이를 마무리하며

유아들은 복도에서도 그냥 걷지 않고 미끄러지듯이 걸으며 그 속도와 스릴을 즐긴다. 하물며 비탈길에서는 오죽할까 싶다. 유아들은 비탈길에서 미끄러지듯 내려오면서 소리를 지르며 즐거움을 만끽한다. 숲은 자연놀이터이다. 숲에서 타는 썰매는 유아들에게 재미와 스릴을 동시에 준다. 가을에는 낙엽썰매, 겨울에는 눈썰매…. 각각 타는 맛이 다를 것이다. 낙엽썰매를 타고 늦가을의 정취를 느끼고, 눈썰매를 타며 겨울 놀이를 즐겼던 유아들은 계절의 변화를 누구보다 민감하게 경험하며 즐길 줄 아는 건강하고 감성적인 어른으로 자랄 것이다.

76 눈을 감고 숲으로 / 까막잡기

1. 준비물

손수건

2. 놀이방법

▶ 숲을 느껴요

① 짝꿍을 정하고 눈을 가리지 않은 친구가 눈을 가린 친구의 손을 잡고 천천히 숲길을 걸어본다.

② 눈을 가린 친구는 숲의 향기, 숲의 바람, 숲의 소리를 느껴본다.

③ 눈을 가렸을 때와 가리지 않았을 때를 비교해본다.

④ 짝꿍과 역할을 바꾸어서 숲을 느껴본다

▶ 까막잡기

① 술래를 정해서 손수건으로 술래의 눈을 가린다.

② 다른 친구들은 박수치며 술래 주위를 빙빙 돌면, 술래가 박수소리를 들으며 사람을 잡는다.

③ 술래가 한사람을 잡으면 더듬어서 누구인지 알아맞힌다.

3. 지원활동

▶ 놀이이야기

반디와 친구들은 숲에서 눈을 감고하는 숨바꼭질 놀이를 했어요.

옛날에는 눈을 가리고 하는 놀이를 '까막잡기' 놀이라고 했대요.

친구들과 눈을 가리고 날잡아봐라! 날잡아봐라! 하면서 장난으로 술래를 놀리면서 놀이하는 데 재미있었어요.

친구들이랑 숲에서 두 명이 짝을 지어 수건으로 눈을 가리고 숲을 느껴보는 놀이도 했어요. 반디는 눈을 가리고 천천히 걸으면서 바람소리, 나무소리, 새 소리를 들으면서 숲의 향기를 느낄 수 있었어요.

눈을 감고 느끼는 숲은 평화롭고, 향기롭고, 신비롭기도 했어요.

▶ 동요

눈을감고 숲속을느껴요

동요

눈을 감 고 숲 속 을 느 껴 보 세 요

바 람 소 리 물 소 리 새 들의 노 래

눈을 감 고 숲 속 을 느 껴 보 세 요

나 무 향 기 풀 향 기 숲 속의 향 기

반주

♣ 놀이를 마무리하며

숲에서 눈을 가리고 자연을 느껴보는 놀이를 했다. 가을에 하면 더욱 분위기 있게 가을의 정취를 느낄 수 있는 놀이이다. 시원한 가을바람 느끼기, 공기 속을 지나는 바람 소리 듣기, 자박 자박 낙엽 밟는 소리 듣기, 단단한 나무 냄새 맡기, 새들의 노랫소리 듣기, 졸졸 흐르는 물 소리 듣기 등 가을 자연의 소리에 감각을 집중하면 유아들은 그 느낌을 다양하게 표현한다. 가을 자연의 소리를 몸으로 표현하기도 하고, 표정으로, 언어로 표현한다. 이러한 경험은 우리 아이들을 감성이 충만하고, 진정으로 자연을 사랑하며 즐길 줄 아는 어른으로 자라게 할 것이다.

77 무지개처럼 고운 낙엽으로 놀아요

1. 준비물

낙엽, 나뭇가지, 칙 끈

2. 놀이방법

① 내 몸이 낙엽이 되어 굴러보고, 빙빙 돌아보고, 날아본다.

② 낙엽을 뿌려보고, 낙엽 위를 걸어보고 뛰어본다.

③ 낙엽으로 연을 만들어 날려본다.

④ 낙엽으로 가면, 왕관을 만들어 놀아본다.

⑤ 낙엽으로 동물을 꾸며본다.

3. 지원활동

▶ 놀이이야기

깊은 가을 산에, 들에, 색색의 낙엽이 수북하게 쌓여있어요

반디와 친구들은 낙엽이 되어 놀았어요.

낙엽처럼 빙빙빙 돌아보고

낙엽처럼 둥글둥글 굴러도 보고

낙엽처럼 살랑살랑 날아도 보고요

낙엽을 하늘 높이 뿌려보고

낙엽을 사뿐사뿐 밟아보고

낙엽을 꾸며서 동물도 만들고

낙엽을 모아 모아 놀이터도 만들었어요.

낙엽을 밟으면 바스락 바스락

낙엽을 만지면 부스럭 부스럭

낙엽에서 바삭바삭 과자 먹는 소리가 나요.

▶ 동요

동요

가을단풍잎

알록달록 곱게물들인 가을단풍잎

단풍색이 너무고와 아름다워요

알록달록 화-려-한 가을단풍잎

자연이 색칠한 선물이지요

반주

♣ 놀이를 마무리하며

낙엽놀이는 가을 놀이의 대명사이다. 낙엽놀이는 늦가을에 가장 풍성하게, 가장 재미있게 할 수 있다. 늦가을 산에도, 공원에도 유치원 앞 정원에도 낙엽이 수북하게 쌓여있다. 늦가을 낙엽은 유아들에게 최고의 놀잇감이 된다. 낙엽 위를 구르기도 하고, 내 몸을 낙엽처럼 바람에 날리는 놀이도 한다. 낙엽으로 만드는 미술놀이도 유아들에게 인기 있는 놀이이다. 늦가을에만 할 수 있는 낙엽놀이. 올해도 우리아이들이 마음껏 즐길 수 있도록 낙엽놀이를 준비한다.

78 작은 꽃밭 만들어요

1. 준비물

고무통 화분, 흙, 씨앗, 예쁜 봄꽃들

2. 놀이방법

① 고무통에 구멍을 뚫어 흙을 채운다.

② 고무통에 작은 돌과 나뭇가지로 장식해서 꽃밭을 만든다.

③ 만든 꽃밭에 씨도 뿌리고 꽃도 심어준다.

④ 꽃밭에 물도 주고 정성껏 돌본다.

⑤ 꽃밭의 이름도 지어준다.

　＊온 가족이 꽃밭을 보며 이야기를 나눈다.

3. 지원활동

▶ 놀이이야기

따뜻한 봄이 왔어요.

반디는 집 마당에 작은 꽃밭을 만들고 싶었어요.

아빠는 집에 있는 고무 통에 구멍을 뚫어 꽃밭을 만들어 주셨어요.

반디는 작은 꽃밭에 나뭇가지로 꾸며주고 씨앗도 심고 예쁜 꽃들도 심었어요.

민들레꽃을 심으면서 엄마가 좋아하실 것을 생각하니 기분이 좋았어요.

반디는 꽃밭에 물도 주고 민들레, 백일홍, 맨드라미꽃들을 정성껏 돌봤어요.

예쁜 꽃밭은 반디를 행복하게 해주고 온 가족을 기쁘게 해주었답니다.

향긋한 꽃향기 풍기는 우리 집에 놀러오세요.

▶ 동요

동요

작은꽃밭

우 리 집 작 은 꽃 밭 에 봄 이 왔 어 요

민 들 레 진 - 달 - 래 제 비 꽃 이

사 이 좋 게 옹 기 종 기 피 어 있 어 요

봄 햇 살 따 스 하 - 게 지 켜 주 네 요

반주

♣ 놀이를 마무리하며

작은 꽃밭 만들기는 해마다 봄이 되면 실시하는 반디세상의 연례행사이다. 유아들과 화원에 가서 자신이

원하는 봄꽃 작은 화분을 구입한 뒤, 유치원에 와서 커다란 고무통에 봄꽃들을 옮겨 심어 꽃밭을 만들었다.

유아들은 작년에 꽃밭을 만들고 봄꽃을 심었던 기억을 바탕으로, 올해에는 좀 더 멋지고 예쁜 꽃밭을 만들기 위해 적극적으로 자신의 의견을 제시하며 정성을 들였다. 꽃밭 이름이 만들어지고 유아들은 꽃밭의 꽃들에게 애정을 담아 물을 주고 정성스럽게 키우고 가꾸었다. 오늘도 반디 뒷마당 꽃밭의 꽃들은 아이들의 사랑을 듬뿍 받으며 그 아름다움과 미모를 뽐내고 있다.

79 나무토막 집을 지어요

1. 준비물
나무토막, 칙 끈, 풀 끈, 나무망치, 고무망치

2. 놀이방법
① 나무토막을 크기대로 잘라 연필 모양으로 만든다.
② 나무토막을 땅에 고무망치로 박으며 놀아본다.
③ 나무토막으로 집도 만들고, 작은 정원도 만들어본다.
④ 나무토막으로 달팽이 놀이터, 동물원을 만들어본다.
⑤ 나무토막과 칙 끈을 이용해 해먹을 만들어본다.

3. 지원활동

▶ 놀이이야기

영차! 영차! 반디네 가족들은 높은 산에 올라갔어요.

야호! 야호! 소리쳐서 메아리 소리도 들어보았지요.

아빠는 숲 속의 다람쥐와 새들이 편안히 쉴 수 있도록 나무토막 집을 만들어주자고 하셨어요. 그래서 우리가족은 나뭇가지를 모아서 산에서 내려왔어요.

아빠는 산에서 주워온 나뭇가지들을 연필 모양으로 깎아서, 나무토막으로 만들어주셨어요. 우리는 어떤 집을 지어줄지 땅 바닥에 그려보았어요.

고무망치로 뚝딱 뚝딱!

나무망치로 톡톡톡!

멋진 집을 지어서

햇빛이 잘 들고 바람도 친구가 되어주는

다람쥐와 새들이 살고 있는 숲속에 지어 주었어요.

▶ 동요

숲속나무집

♣ 놀이를 마무리하며

나무토막으로 집을 지어보는 경험은 유아들이 흔히 할 수 있는 경험을 아니다. 특히 능동적인 정신과 신체의 작업을 중시하는 노작교육의 측면에서 보면, 유아들에게 필요한 경험이라고 생각한다. 추운 겨울 쉴 곳 없는 동물들에게 집을 마련해주고자 유아들에게 동기부여가 되었고, 직접 나무토막을 망치로 박으며 구조물(집)을 완성하는 과정에서, 유아들이 경험하는 어려움과 그 것을 해결하고자 시도하는 육체적 노력은 노작교육으로서 유아들에게 충분히 가치 있다는 생각을 했다. 안전하지 않아서, 위험해서 고민하고 꺼려할 수 있는 놀이이지만, 나는 유아들의 성취동기를 존중하였고 유아들의 유능성을 믿었기에 기꺼이 시도하였다. 그리고 유아들은 나의 믿음을 저버리지 않았다.

80 열매 구슬치기

1. 준비물

도토리, 열매, 작은 돌, 찰흙 돌, 유리구슬

2. 놀이방법

▶ 구슬치기

상대편의 구슬을 맞추어 쳐서 구슬을 따 먹는 놀이다.

▶ 구슬 구멍에 넣기

마당에 일정한 간격으로 구멍을 판 다음 순서대로 구멍에 구슬을 넣어서 모두 통과하면 상대방에게 구슬을 한 개씩 받는다.

▶ 세모치기 놀이

바닥에 삼각형을 그려서 그 안에 구슬을 넣어두고 던지거나 굴려서 구슬을 따먹는다.

▶ 구슬 개수 맞추기

* 친구의 주먹 쥔 손안에 구슬이 몇 개 있는지 알아 맞혀서 따먹는 놀이다.

3. 지원활동

▶ 놀이이야기

애들아 놀자!

밖에는 꽃바람이 불지만, 우리는 올망졸망 모여서 구슬치기를 하기로 했어요.

규칙을 정하여 싸우지 않고 재미있게 구슬치기를 했어요.

마당에 구멍을 판 다음 구슬을 넣기도 하고

삼각형을 그려 놓고 구슬을 굴려 보기도 하고

친구의 손안에 구슬이 몇 개인지 맞춰보며

구슬을 하나라도 더 따내려고 오랜 시간 재미있게 놀았어요.

내 구슬은 둥근 돌

내 구슬은 열매

내 구슬은 도토리

또르르 또르르 잘도 맞췄네

또르르 또르르 주머니에 구슬 가득

▶ 동요

구슬놀이

동요

반주

♣ 놀이를 마무리하며

도토리, 작은 알밤, 대추 등 자연물 열매로 유아들이 제일 먼저 시도한 놀이는 익숙한 구슬치기 놀이였다. 기존의 유리구슬로 구슬치기 놀이를 재미있게 했던 터라, 유아들은 구슬치기에서 적용했던 다양한 방법들을 각종 열매들을 활용하여 놀이하였다. 열매들이 잘 굴러가고 또한 구슬치기 놀이를 하기에 적당한 크기이기 때문인 듯하다. 우리 아이들은 각 열매의 모양, 무게 등의 특성을 탐색하고 어떻게 하면 잘 굴러갈지, 어떻게 원하는 구멍에 던져서 들어가게 할지, 어떻게 해서 열매 맞추기에 성공할지를 고민하며 다양한 생각과 아이디어를 모았을 것이다. 놀이는 유아들을 똑똑하게 만든다.

⑧¹ 나뭇가지로 놀아요(자치기)

1. 준비물

막대 채, 솔방울, 호두알, 낙엽주머니

2. 놀이방법

① 단단한 나무막대와 솔방울, 호두알 등 알을 준비한다.

② 편을 나누고 가위 바위 보로 순서를 정한다.

③ 막대 채로 알을 멀리 쳐서 날려 보낸다.

④ 알이 떨어지면 날아간 거리를 막대 채를 이용해 몇 배인지 점수를 잰다.

⑤ 나무채로 알을 굴려도 보고 장애물 통과하기 놀이도 한다.

　＊나무 채를 휘두를 때 주변을 보며 조심한다.

3. 지원활동

▶ 놀이이야기

우리는 따스한 햇살 양지바른 곳에 옹기종기 모여 있어요.

오빠가 나뭇가지와 솔방울을 가져와 신나게 놀 수 있는 자치기를 하자고 했어요.

넓은 뜰에서 나뭇가지로 만든 채를 가지고 치고, 받고, 굴리며 놀았어요.

솔방울을 쳐서 멀리 보내고 나무 채로 한자 두자 세어서 승부를 가르자고 했어요.

우리들은 으쌰! 으쌰! 막대 채를 휘두르고 야호! 소리치며 마음껏 뛰어놀았어요.

찬바람이 쌩쌩 불어도 우리들은 바람을 맞으며 씩씩하게 시합했어요.

나도 한번 쳐볼까?

나도 한번 굴려볼까?

다 같이 해보자 재미있는 자치기!

▶ 동요

자치기

동요

큰 자 로 작 은 자 를 힘 껏 치 니

작 은 자 는 붕 - 떠 서 날 아 갔 네

얼 마 나 멀 리 갔 나 재 어 보 니

큰 자 로 네 자 만 큼 날 아 갔 네

반주

♣ 놀이를 마무리하며

자연에서 놀이하면 유아들 사이에 많은 의사소통이 일어난다. 유아들은 자연물들을 가지고 어떻게 놀 것인지 각각의 아이디어와 의견을 제시하고, 그 내용들을 통합하여 놀이방법을 결정한다. 유아들은 전래놀이에서 경험했던 자치기를 자연물로 대체하여 나뭇가지와 솔방울로 '자연물 자치기'를 하였다. 또한 나뭇가지를 골프채로, 솔방울을 골프공처럼 이용하여 나무채로 알을 굴리며 장애물 통과하기 놀이도 시도하였다. 방법이 정해지지 않은 놀이, 유아들의 다양한 생각을 격려하는 놀이가 바로 자연에서의 놀이이다.

솔잎 풀잎 싸움놀이

82

1. 준비물

솔잎, 풀잎, 꽃잎

2. 놀이방법

① 두 팀으로 나누어 솔잎 3~5개를 준비하여 풀싸움 놀이를 한다.

② 뾰족한 솔잎으로 손과 손등에 살짝살짝 대어보고 느낌을 이야기해본다.

③ 솔잎을 모아 끈으로 묶어서 안마기로 사용하며 안마 놀이를 한다.

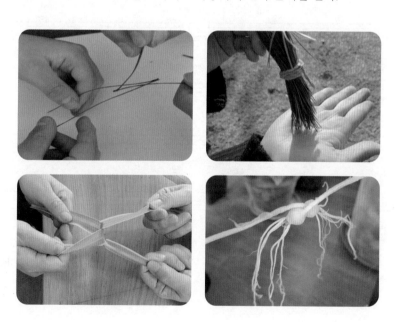

3. 지원활동

▶ 놀이이야기

시골 할아버지 댁 뒷산에는 소나무가 많이 있어요.

소나무는 푸르름을 자랑하다 가을이 되면 뾰족한 솔잎이 누렇게 변하여 땅에 떨어진답니다. 올해도 소나무 아래 솔잎이 수북하게 쌓여있어요.

반디는 솔잎, 풀잎, 꽃잎을 따다가 풀싸움 놀이도 하고 주사놀이, 마사지놀이도 하며놀곤 했지요.

풀싸움을 하면서 풀잎의 이름과 생김새, 특이한 점들도 알게 되었어요.

반디가 솔잎으로 할아버지께 마사지를 해드리면 시원하다며 웃으셨어요.

▶ 동요

동요

풀싸움놀이

오 솔 길 따 라 서 풀 잎 들 께 피 해 었 네 자
잎 사 귀 따 기 를 함 - 께 해 보 자

싱 그 럽 게 웃 네 - 친 구 하 자 하 네 -
가 위 바 위 보 누 가 해 볼 까 -

이 름 꼽 도 모 르 고 모 양 은 - 께 달 라 도
줄 기 꼽 기 놀 이 를 함 해 보 자

우 - 리 재 밌 게 풀 싸 움 놀 이 하 자
토 끼 풀 질 경 이 겨 루 어 - 보 자

반주

♣ 놀이를 마무리하며

솔잎과 풀잎은 모양, 질감, 색감 등이 확실하게 차이가 난다. 솔잎과 풀잎으로 머리땋기도 하고 다발처럼 묶어서 마사지 놀이를 하였다. 그리고 솔잎, 풀잎을 서로 엇갈려 겹쳐서 어느 잎이 센지 풀싸움, 솔잎싸움 놀이도 하였다. 유아들은 솔잎의 향기와 풀잎의 향기에 대한 각자의 느낌을 이야기하였고, 나뭇잎의 질감과 모양의 차이를 분별하였다. 이렇게 오늘 우리 아이들은 솔잎과 풀잎으로 놀이도 하고 솔잎과 풀잎의 특징을 비교하며 나름의 분석도 해보았다. 이처럼 자연에서의 놀이는 언제나 일석이조의 효과를 준다.

83 낙엽 주머니놀이

1. 준비물
손수건, 보자기, 낙엽, 톱밥

2. 놀이방법
① 손수건 위에 낙엽을 올려놓고 꼭꼭 눌러 동그랗게 만들어 묶는다.

② 낙엽주머니에서 어떤 느낌과 소리가 나는지 표현해본다.

③ 낙엽주머니로 멀리 던지기를 해본다.

④ 낙엽주머니를 두 손을 오가며 공중으로 띄워본다.

⑤ 칡 끈으로 원을 만들어 원 안에 낙엽주머니를 던져본다.

3. 지원활동

▶ 놀이이야기

바람 솔솔 불고 고운 낙엽 풍성한 어느 가을날

반디는 친구와 숲으로 산책을 했어요.

고운 빛깔의 낙엽 위를 걸으니, 걸을 때마다 바스락바스락 소리가 났어요.

내가 낙엽을 입으로 후! 하고 불었더니 하늘로 날아갔어요.

친구는 손수건 위에 낙엽을 올려놓고 꼭꼭 눌러 낙엽 주머니를 만들었어요.

우리는 낙엽 주머니를 멀리 던져보기도 하고, 두 손을 오가며 공중으로 띄워보며 놀았어요.

친구가 만들어준 낙엽주머니는 우리를 즐겁게 해줬어요.

▶ 동요

동요

낙엽주머니

콩 주머니 아니죠 팥 주머니 아니죠

가 을 에 만 볼 수 있 는 낙 엽 주 머 니

낙 엽 들 을 모 아 서 주 머 니 를 만 들 어

재 미 있 게 던 져 보 는 게 임 해 보 자

반주

♣ **놀이를 마무리하며**

남자 유아들이 주로 낙엽 축구공을 만들어 축구 놀이를 했다면, 여자 유아들은 주로 낙엽주머니를 만들어서 놀이하였다. 고운 색의 손수건에 낙엽을 올려놓고 꼭꼭 눌러서 동그랗게 만들어 손수건을 묶으면, 남자 유아들이 만들어서 놀이했던 낙엽 축구공과는 또 다른 예쁜 수건으로 감싼 낙엽주머니가 된다. 팥주머니처럼 던지기도 하고, 바구니 또는 목표 공간 안에 던져 넣기 등을 하며 즐겁게 놀이했던 기억이 떠오른다. 이처럼 많은 놀이거리를 제공해주는 가을 낙엽은 우리 아이들에게 보물 같은 놀잇감이다.

84 밧줄 타고 놀러가요

1. 준비물
다양한 길이의 밧줄

2. 놀이방법
① 밧줄을 밀고 당기며 힘을 조절한다.

② 칙칙폭폭 기차놀이 한다.

③ 밧줄을 사물과 연결하여 줄 건너가기를 한다. (예 : 나무와 나무 연결하여 건너기)

④ 나무와 나무 사이에 그네를 만들어 타며 즐겁게 놀아본다.

3. 지원활동

▶ 놀이이야기

나뭇잎 소리, 풀잎 소리, 산새들이 노래하는 뒷동산에

칙칙폭폭 기차 타고 올라갔어요.

밧줄 타고 올라가니 처음에는 무서웠어요.

하지만 용감하게 야호! 야호!

밧줄 타고 나무에 올라가면

하늘에 구름이 보이고요.

예쁜 꽃도 행복한 집도 보여요.

밧줄 타고 동산에 올라가면

신나게 일하는 아빠도 엄마도 보이고요.

밧줄 타고 학교에 가면

줄다리기하며 신나게 놀고 있는 친구가 보여요.

▶ 동요

동요

밧줄놀이

영차 영차 줄 다 리 기 해 보 자

칙 칙 푹 푹 기 차 놀 이 해 보 자

밀 고 당 기 고 밧 줄 그 네 타 보 자

밧 줄 놀 이 가 재 미 있 구 나

반주

♣ 놀이를 마무리하며

밧줄은 자연에서 쓰임새가 많다. 실내에서 보다 자연에서 놀이할 때 밧줄을 이용한 놀이가 유용하다. 나무에 튼튼하게 밧줄을 매달아 놓으면 유아들은 근력을 이용하여 나무타기를 할 수 있다. 또한 밧줄을 이용하여 나무와 나무를 연결하여 다리를 만들어주면 줄 타고 건너기를 하거나, 짚라인을 만들어주면 줄을 타고 건너가기를 할 수 있다. 이러한 놀이를 처음 접하는 유아들은 겁을 내거나 꺼려하기도 하지만, 몸을 움직여서 스릴 있게 놀이하는 것을 즐기는 유아들은 놀이에 대한 호기심과 도전정신으로 시도하고 반복하여 이내 익숙하게 밧줄을 타고 놀이를 한다. 자연에서의 밧줄놀이는 모험정신과 도전정신을 격려하는 놀이로서 좋은 놀이라고 생각한다.

85 제기차기

1. 준비물
제기, 나뭇가지, 마 끈

2. 놀이방법
① 한 발을 땅바닥에 고정시키고 다른 발로 제기를 차올린다.
② 처음에는 발로 차는 것이 어려우므로, 제기에 끈을 매고 나뭇가지에 묶어서 쳐본다.
③ 책받침이나 두꺼운 책 위에 올려놓고 통통 위로 쳐올린다.
④ 두 발을 번갈아 가면서 제기를 찬다.

3. 지원활동

▶ 놀이이야기

애들아! 모여라! 우리 함께 놀아보자!

발로 통통 튕기며 제기차기 놀이하자!

봄이 오는 길목 동네 놀이터에서

반디는 친구들과 제기차기를 하며 놀았어요.

제기를 땅에 떨어뜨리지 않고 발로 누가 많이 차는지 시합을 했어요. 처음에는 어려 웠지만 친구들과 계속 연습하니 하나, 둘…. 제기를 잘 찰 수 있게 되었어요.

집에 돌아와서 아빠는 발이 땅에 닿지 않도록 계속해서 제기를 차는 방법을 알려주셨고, 엄마는 두꺼운 책이나 딱딱한 반침을 양손에 들고 그 위에 제기를 올려, 통통 높이 치는 방법을 알려주셨어요.

우리 가족 제기차기 대회를 시작하겠습니다!

▶ 동요

제기차기

동요

반주

♣ 놀이를 마무리하며

제기차기는 옛날 할아버지 때부터 했던 놀이라고 이야기 해주었더니, 유아들은 귀가한 후 아빠와 함께 놀이터에서 제기차기 놀이를 했다며 자랑을 하였다. 아빠의 어린 시절 놀이와 같은 놀이를 했다는 사실에 유아들은 흥미를 보였다. 자신들은 언제 아빠처럼 제기를 잘 찰 수 있을 지를 고민하여 제기차기 연습에 몰두하는 유아도 있었다. 다양한 동기부여의 사례가 있지만, 아빠가 어렸을 때 했던 놀이를 아빠와 함께 놀이하고 싶다는 유아들의 소망이 이번 제기차기 놀이의 성취동기가 되어, 유아들을 제기차기 놀이에 몰두하게 하였다. 동기부여는 유아들을 도전하게 하고 몰두하게 한다. 다양한 동기유발의 방법에 대해 연구해야겠다.

⑧⑥ 숲속 친구들과 나누어 먹어요

1. 준비물

밀가루, 여러 곡식

2. 놀이방법

① 숲에서 추운 겨울을 보내야 하는 동물들에 대해 이야기 나눈다.

② 먹이가 부족한 동물들에게 어떤 먹이를 어떻게 주면 좋을지 이야기 나눈다.

③ 밀가루를 반죽하여 손바닥 크기로 만든다.

④ 반죽한 밀가루에 콩, 잣, 등 여러 곡물과 열매 과일로 꾸며본다

⑤ 준비한 먹이를 가지고 숲으로 가서 동물들이 먹기 좋은 곳에 갖다 놓는다.

3. 지원활동

▶ 놀이이야기

　추운 겨울날 반디와 친구들은 할머니 댁 화롯가에 옹기종기 모여 앉아 옛날이야기를 들었어요.

　할머니는 겨울에 눈이 오면 숲속 동물들은 춥고 먹을 것이 부족하다며 걱정을 하셨어요. 할머니는 추운 겨울 숲에서 배고파 할 동물들에게 먹을 것을 가져다주자고 하시면서, 밀가루 반죽을 만드셨어요. 우리들은 밀가루 반죽을 손바닥 크기로 만들고 그 위에 동물들이 좋아하는 여러 곡식들을 올려놓았어요.

　반디와 친구들은 따뜻하게 옷을 챙겨 입고 정성껏 만든 먹이를 가지고 씩씩하게 겨울 숲으로 갔어요. 어디에 놓아 주면 배고픈 동물들이 먹이를 잘 찾을 수 있을지 생각하며 나무 아래, 나무 속, 낙엽 속에 먹이를 놓아주었어요.

　새들아, 다람쥐야!

　밥 먹어! 친구들이랑 먹을 것을 가져왔단다.

　동물 친구들아! 추운 겨울 잘 보내고 따뜻한 봄에 만나자.

▶ 동요

동요

겨울숲속친구들에게

추 운 겨 울 숲 속 에 는
먹 을 것 이 없 대 요
배 고 픈 동 물 친 구 에 게
음 식 을 나 눠 줄 께 요

반주

♣ 놀이를 마무리하며

먹이가 부족한 추운 겨울, 숲속의 동물들에게 먹을 것을 만들어서 나눠주자는 유아들의 제안에 따라 놀이가 시작되었다. 유아들이 좋아하는 밀가루 반죽 놀이가 활동의 기본이 되었다. 유아들은 밀가루 반죽에 각종 곡물과 과일 열매를 장식하여 동물들에게 나누어줄 먹이를 만들었다. 유아들은 '나눔'을 실천하기 위해 '협동'을 하였다. 나는 우리 아이들이 자라면서 '사회적 약자'를 위한 '나눔'과 '협동'의 가치를 알고 실천할 수 있기를 바란다.

87 비석치기

1. 준비물
작고 납작한 돌, 나무토막

2. 놀이방법
① 적당한 거리를 두고 돌비석 또는 나무비석을 세워놓고 시작한다.
② 세워놓은 비석을 선 채로 던지기, 두 발 뛰고 던지기, 세 발 뛰고 던지기 등의 방법으로 놀아본다.
③ 손등 위, 발등, 무릎 사이, 가랑이 사이, 배 위, 어깨 위, 머리 위에 망을 놀려놓고 세워놓은 비석가까이 가서 쓰러뜨린다.
＊망을 올려놓는 신체 부위는 옮기기 쉬운 곳부터 어려운 곳으로 옮겨가도록 한다.

3. 지원활동

▶ 놀이이야기

반디는 할아버지 댁에 놀러갔어요.

할아버지 동네에는 졸졸 흐르는 냇가가 있어요.

반디는 냇가에서 손바닥만한 납작한 돌을 주워 머리, 어깨, 무릎, 발 위에 올려놓고 놀았어요. 그것을 보신 할아버지는 돌을 이용한 전래놀이인 비석치기 놀이를 가르쳐주시고, 함께 놀아주셨어요. 반디는 납작한 돌을 머리부터 발까지 조심조심 균형을 잡아가며 재미있게 놀았어요.

작고 예쁜 돌이 내 몸에서 재주를 부리네요.

할아버지, 고맙습니다!

▶ 동요

동요

비석을쓰러뜨리자

반주

♣ 놀이를 마무리하며

옛날에 돌멩이는 주변에서 흔하게 발견되었다. 그래서 그런지 돌을 활용한 놀이가 많은 것 같다. 비석치기는 그 대표적인 놀이이다. 돌(비석)을 맞추어서 쓰러뜨리기도 하고, 손등, 발등, 어깨 등의 신체에 올려둔 망을 떨어뜨려 돌(비석)을 쓰러뜨리기도 한다. 유아들은 비석(돌)과의 거리, 위치를 감각적으로 짐작하며 그에 맞도록 신체의 힘을 조절하고 집중하여 비석을 쓰러뜨리기 위해 노력한다. 흔하디흔한 '돌멩이'지만, 놀이를 통해 주는 긍정적 효과만큼은 큰 '돌멩이'인 것 같다.

88 고무줄놀이

1. 준비물
고무줄

2. 놀이방법
① 고무줄을 묶어서 동그란 모양을 만든다.

② 편을 나누고, 놀이의 순서를 정한다.

③ 같은 편 두 명의 친구가 양쪽으로 고무줄을 잡고, 다른 편 친구들은 줄을 뛰어넘는다.

④ 고무줄 높이를 바닥, 발목, 무릎, 엉덩이, 허리, 가슴 순서로 점점 높이면서 논다.

  * 두 명이 놀이를 할 때는 고무줄을 나무에 묶어서 뛰고 논다.

3. 지원활동

▶ 놀이이야기

따뜻한 햇볕 아래 아이들이 올망졸망 놀고 있어요. 언니는 신바람 나게 고무줄놀이를 해보자고 했어요. 언니는 노래도 부르며 폴짝폴짝 잘 뛰었어요. 언니가 꼭 나비 같았어요. 반디도 언니 따라 고무줄 사이를 뛰고, 딛고, 휘감으며 놀았어요.

엄마가 어렸을 때, 친구들과 고무줄놀이를 할 때면 개구쟁이 남자친구들이 고무줄을 끊고 도망가곤 했대요. 내일 아침 햇님이 뜨면 밖에 나가서 재미있는 고무줄놀이 또 하고 싶어요.

▶ 동요

고무줄놀이

동요

반주

♣ 놀이를 마무리하며

어린 시절 가장 재미있게 했던 놀이가 고무줄놀이이다. 발목, 무릎, 허리, 가슴, 목, 머리 등 고무줄의 높이가 점점 올라갈 때 마다 재미와 긴장을 동시에 느끼면서 신나게 놀았던 기억이 난다. 고무줄놀이를 하면서 느꼈던 즐거움과 추억을 아이들에게도 경험하게 하고 싶었다. 옛날 생각에 젖어 나도 아이들과 함께 폴짝폴짝 뛰면서 고무줄놀이를 하였다. 아이들에게 선생님과 함께 해서 즐겁고 재미있었던 놀이로 기억되었으면 좋겠다.

89 방석 딱지치기

1. 준비물
딱지를 접을 두꺼운 종이 또는 우유갑 종이

2. 놀이방법
① 가위 바위 보로 순서를 정하여 진 사람이 먼저 땅바닥에 딱지를 놓는다.
② 이긴 사람은 딱지를 손에 잡고 바닥의 딱지를 향하여 힘껏 내리친다. 땅바닥에 있
   던 딱지가 넘어가면 그 딱지를 따먹게 된다. 그러면 상대방은 다시 새 딱지를 땅에
   놓아야 한다.

3. 지원활동

▶ 놀이이야기

반디가 "할아버지, 심심해요!" 하고 말하자

할아버지는 "오늘은 방석딱지를 접어서 놀아보자"고 하셨어요.

할아버지 어렸을 때는 종이가 귀해서 책 표지로 딱지를 접으셨다며 두꺼운 종이로 크기가 다른 방석딱지를 만들어주셨어요.

할아버지는 땅에 딱지를 놓고 다른 한 장의 딱지로 힘껏 내리치셨어요.

그러자 땅에 있던 딱지가 팍 하고 넘어갔어요.

딱지가 넘어가는 순간 나도 모르게 얏! 함성이 나왔어요.

반디는 할아버지랑 접은 방석딱지를 친구들과 함께 놀아보려고 가방에 챙겨 넣었어요.

▶ 동요

동요

딱지놀이

딱 딱 딱지야 대장딱지야

팍 팍 잘 - 넘어 가 는구 나

딱 딱 딱지야 왕 - 딱지 야

퍽 퍽 잘 - 넘어 가 는구 나

반주

♣ 놀이를 마무리하며

딱지치기 놀이를 하기 위해서는 신체의 소근육을 활용한 섬세함과, 신체의 대근육을 활용하는 역동성이 필요하다. 딱지를 만들 때에는 소근육을 활용한 집중력이 요구되고, 딱지를 칠 때에는 신체를 조절하는 역동적인 힘과 움직임이 필요하기 때문이다. 유아들은 다양한 종이로 딱지를 만들어 보더니, 두꺼운 종이로 크게 딱지를 만들어야 딱지치기에서 잘 넘어가게 할 수 있다는 것을 알게 되었다. 그래서 교사는 유아들에게 두꺼운 우유곽 종이를 마련하여 주었고, 유아들은 자신만의 딱지를 만들기 시작하였다. 유아들은 다양한 동작으로 힘을 조절하여 딱지를 쳐서 맞추었고, 딱지가 잘 넘어갈 수 있는 기술들을 연구하고 시도하였다. 유아들은 딱지치기 전문가가 되었다.

90 자연물 수건돌리기

1. 준비물
수건, 낙엽, 솔방울

2. 놀이방법
① 십여 명이 가위바위보로 술래를 정하고, 나머지 사람들은 안쪽을 향하여 둥글게 앉는다.

② 술래는 수건을 뭉쳐 들고, 원을 그리고 앉아있는 사람들 뒤를 돌다가 슬그머니 한 사람 뒤로 수건을 떨어뜨린다.

③ 수건이 자신의 등 뒤에 떨어진 것을 눈치를 챈 친구는 술래를 쫓아가서 잡으려고 한다.

④ 수건이 자기 뒤에 놓인 것을 모르고 있다가 술래가 한 바퀴 돌아와서 등을 치면, 그 친구는 술래가 시키는 대로 노래를 하거나 동물 흉내를 내는 등 재주를 보여야 한다.

  * 수건이나 자연물, 솔방울이나 낙엽 등을 뭉쳐 자연물 수건돌리기를 한다.

3. 지원활동

▶ 놀이이야기

바람이 솔솔 부는 어느 날, 반디는 친구들과 산과 들로 놀러갔어요.

초록색이던 나뭇잎이 알록달록 물들어 곱고 예뻤어요.

아이들은 잔디밭에 동그랗게 모여앉아 수건돌리기를 했어요.

가위, 바위, 보로 술래를 정하고 솔방울, 큰 낙엽을 한웅큼 모아서 자연물 수건돌리기를 했지요.

술래가 빙글빙글 도는데 내 가슴이 두근두근….

자꾸만 뒤돌아보게 되네요.

누가 걸릴까?

술래는 아무도 모르게 살짝 친구 뒤에 떨어뜨렸어요.

술래는 원을 돌아서 재빠르게 뛰어갔지요.

친구는 등 뒤에 떨어뜨린 자연물 수건을 알아차렸을까요?

▶ 동요

수건돌리기 참재밌다

동요

내가 내가 바로 술래 다   내가 내가 바로 술래 다

수건 을 들고 빙 빙 빙   원을 돌아서 빙 빙 빙

사랑 이 뒤에 툭 떨어뜨리고 재빨 리 뛰어 라

수건 돌리기 참 재밌 다   수건 돌리기 정말 재밌 다

반주

♣ 놀이를 마무리하며

'자연물 수건돌리기'는 '수건돌리기' 놀이의 수건 대신 자연물을 이용하는 것이다. 수건 대신 활용할 수 있는 자연물이 무엇이 있을까 유아들과 이야기해 보았더니 솔방울, 도토리, 나뭇가지, 나뭇잎, 돌멩이 등 자연에서 볼 수 있는 대부분의 물건들이 수건을 대체할 수 있다고 하였다. 어떤 유아는 그 자연물들을 수건으로 감싸 묶어서 사용하고 싶다고 말하기도 하였다. 솔방울이면 어떻고 돌멩이면 어떠랴…. 유아들이 자연에서 규칙을 알고 적용하여 재미있게 즐길 수 있다면 어떤 것이라도 좋다. 이렇게 오늘도 유아들은 기존의 '수건돌리기' 놀이에 자신들의 아이디어를 더하여 '자연물 수건돌리기' 놀이하고 있다.

91 나뭇가지를 이용한 산가지놀이

1. 준비물
나뭇가지

2. 놀이방법
① 나뭇가지 여러 개를 흩어 놓은 후, 순서를 정한다.

② 순서대로 흐트러진 나뭇가지 더미에서 다른 나뭇가지를 건드리지 않고 하나씩 조심해서 가져온다.

③ 다른 나뭇가지를 건드리면 아웃이 되어, 다음 순서의 사람이 한다.

④ 나뭇가지가 모두 없어질 때까지 돌아가며 놀이를 계속한다.

⑤ 나뭇가지를 가장 많이 가져온 사람이 이긴다.

⑥ 나뭇가지를 가지고 여러 가지 모양을 만들어 표현해본다.

3. 지원활동

▶ 놀이이야기

반디는 아빠랑 숲으로 산책을 갔어요. 아빠는 나뭇가지를 주워서 손바닥에 올려놓고 균형도 잡아보고 조심해서 걸어보기도 하셨어요.

반디도 따라서 해보았지만 나뭇가지가 자꾸 쓰러졌어요.

아빠가 어렸을 때는 나뭇가지로 수를 셈하기도 하고, 놀이기구로 사용하기도 했다고 하시며 나뭇가지로 하는 여러 가지 놀이를 가르쳐주셨어요.

반디는 그 중에서 다른 나뭇가지를 건드리지 않고 하나씩 가져오는 놀이가 재미있었어요. 나뭇가지를 집을 때마다 긴장되어 가슴이 콩닥콩닥 거렸어요.

▶ 동요

동요

산가지놀이

옛옛 날 에 는 나 뭇 가 지 로 수 세 기 를 – 했 죠

옛옛 날 에 는 계 산 기 가 없 었 었 대 – 요

반주

♣ 놀이를 마무리하며

산가지놀이를 위해서는 유아들의 섬세함, 집중력, 소근육 발달 등이 요구된다. 그래서 평소에 차분하고 집중력이 좋은 유아들이 먼저 흥미를 느끼며 놀이에 참여했다. 나뭇가지는 구조성이 낮은 놀잇감이기 때문에 유아들마다 자신의 생각에 따라 다양한 방법으로 놀이하였다. 길 만들기, 집, 자동차 등의 모양 만들기, 나뭇가지 돌리기 등 여러 가지 방법의 놀이가 이루어졌는데, 그 중에서 산가지놀이가 유아들에게 가장 인기 있었던 놀이이다. 흐트러진 나뭇더미에서 다른 나뭇가지를 건드리지 않고 가져오는 게임 형식으로 놀이했는데, 유아들은 긴장감을 유지하며 집중해서 게임하였다.

92 아카시아

1. 준비물

아카시아 잎, 아카시아 꽃

2. 놀이방법

▶ 아카시아파마

나뭇잎을 다 떼어낸 잎자루에 머리카락을 돌돌 말아 묶어 놓았다가 풀면 머리카락이 꼬불꼬불해지며 파마가 된다.

▶ 아카시아 나뭇잎 빨리 떼기

① 두 명씩 짝을 지어 가위, 바위, 보를 한다.

② 이긴 사람이 나뭇잎을 하나씩 떼는데, 먼저 떼어내는 친구가 사랑해 하고 외치면 이긴다.

▶ 아카시아 잎자루 씨름

① 두 명이 각각 아카시아 잎자루 양쪽 끝 부분을 잡고 반으로 접어 서로 엇갈리며 잡 아당긴다.

② 잡아당겨서 먼저 잎자루가 끊어지는 사람이 지는 것이다.

＊아카시아나무의 꽃냄새를 맡아보며 놀이를 시작한다.

3. 지원활동

▶ 놀이이야기

동구 밖 과수원 길 아카시아 꽃이 활짝 폈네.

5월이면 반디네 집 뒷산에는 향긋한 아카시아 꽃향기로 가득합니다.

아카시아 꽃향기는 엄마 향수 같아요.

아카시아는 달달한 맛이 있어 먹기도 했어요.

가위, 바위, 보를 해서 아카시아 나뭇잎 빨리 따기, 잎자루 씨름 놀이도 했어요.

아카시아 잎을 다 떼고 줄기로 머리카락을 말아서 파마를 하였더니

꼬불꼬불 멋진 아가씨 머리카락이 되었답니다.

아카시아파마

향 기 로 운 아 카 시 아 잎 자 루 에

머 리 카 락 돌 돌 말 아 본 적 있 니

돌 돌 말 아 묶 었 다 가 풀 어 보 면

꼬 불 꼬 불 머 리 카 락 파 마 된 단 다

♣ 놀이를 마무리하며

참 신기하다. 아카시아 나뭇잎을 떼어낸 잎자루를 머리카락에 둘둘 말아서 묶어놓았다가 풀면 머리카락이 꼬불꼬불해진다. 그래서 아카시아 파마라고도 한다. 봉숭아 손톱물들이기 놀이와 함께 유아들이 자연물을 이용해 신체를 치장할 수 있는 놀이가 바로 아카시아파마 놀이이다. 특히 여자 유아들에게 인기가 많다. 미용실 놀이를 하며 아카시아 파마를 하기도 한다. 자연에서 놀다 보면 유아들은 각종 식물들의 생김새, 냄새 같은 특성 등을 자연스럽게 파악하게 된다. 놀이를 위한 탐색이 선행되기 때문이다. 자연에서 놀이하는 유아들은 호기심을 충족시키기 위해 탐색하고 흥미가 있으면 바로 놀이를 한다. 이래서 놀이를 유아들이 세상을 이해하고 알아가는 도구라고 하는 모양이다.

93 향기 나는 화관

1. 준비물

꽃, 꽃잎, 열매, 칡 끈

2. 놀이방법

① 칡 끈을 두세 겹으로 동그랗게 말아준다.

② 모아둔 꽃, 꽃잎, 열매를 가지런히 정리한다.

③ 동그랗게 만든 칡 끈에 꽃, 꽃잎, 열매를 하나하나 꼽아준다.

④ 녹색 잎과 빨간 열매로 만든 화관은 크리스마스 때 문 앞에 걸어 놓는다.

⑤ 서로서로 화관을 머리에 써보며 추억 만들기 놀이를 한다.

3. 지원활동

▶ 놀이이야기

반디는 가을 꽃밭에서 친구들과 정답게 재미있는 놀이를 했어요.

알록달록 핀 꽃들이 너무 예뻐서, 머리에 쓸 수 있는 예쁜 화관을 만들기로 했지요.

숲에서 가져온 칡 끈으로 둥그렇게 왕관 모양의 틀을 만들고

꽃, 나뭇잎, 열매로 장식했어요.

꽃밭에서 만드는 화관이라 꽃의 싱싱함이 그대로 느껴져 더 예쁘고 재미있었어요.

향기로운 꽃향기가 기분을 더 좋게 해주었지요.

반디는 화관을 머리에 얹으니 동화 속의 공주가 된 것 같았어요.

반디는 화려한 화관을 엄마에게 선물했어요. 엄마가 화관을 쓰니 왕비처럼 보였어요.

녹색 잎과 빨간 열매로 만든 화관은 크리스마스 때 문 앞에 걸어놓을 거예요.

기분 좋은 추억이 될 것 같아요.

▶ 동요

동요

화관을 만들자

반주

♣ 놀이를 마무리하며

자연에서 많이 놀아본 유아들은 거리낌이 없다. 벌레도, 곤충도, 각양각색의 풀과 나뭇잎들도, 솔방울도 호기심이 생기는 것들은 지체 없이 만져보고 탐색한다. 자연에서 많이 놀아본 유아들은 감각도 민감하다. 소리에, 냄새에, 맛에, 촉감에 민감하고 감각적 경험을 즐긴다. 상품화된 장난감을 주로 가지고 놀았던 아이들에게 풀, 줄기, 꽃, 나뭇잎 등 자연물을 제공했을 때 어떻게 만져야 할지, 어떻게 놀아야 할지 망설이기 일쑤이다. 그래서 저자는 일과에서 유아들에게 자연물을 접할 수 있는 기회를 가능하면 많이, 자주 제공하고자 하였다. 그리하여 유아들이 자연에서 살아가는 다양한 동물과 식물에 친숙하고, 흥미와 호기심을 느끼며 자연을 익숙하고 편안하게 생각할 수 있도록 하고 싶다. 오늘 향기 나는 화관 만들기도 이러한 생각에서 준비하였다.

땅따먹기

1. 준비물

땅따먹기 할 수 있는 공간 또는 땅, 망으로 쓸 돌류

2. 놀이방법

① 땅바닥에 넓은 원이나 네모를 그린다.

② 각자 한구석을 정하여 자기 집을 손가락 한 뼘으로 빙글 돌려 정한다.

③ 가위 바위 보를 해서 순서가 결정되면, 자기 집에서 세 번 만에 튕겨서 다시 자기 집으로 돌아와야 한다.

④ 자기 집을 가졌으면 '뼘 재먹기'를 한다. 뼘 재먹기란 자기 집과 집 사이, 자기 집과 벽 사이의 길이를 뼘으로 재어서 한 뼘이 되면 서로 잇고, 그 사이의 땅을 자기가

갖는 것을 말한다.

⑤ 빈 땅이 없을 때 가장 많이 차지한 사람이 이기게 된다.

3. 지원활동

▶ 놀이이야기

우리 할아버지는 시골에서 과수원을 하셨어요. 할아버지는 열심히 일하셔서 땅을 조금씩, 조금씩 넓혀 과수원을 만드셨대요.

옛날에는 실제로 땅을 갖고 싶은 마음으로 땅따먹기 놀이를 하셨대요.

할아버지는 반디에게 땅의 소중함을 잊지 말라고 말씀하시며 땅따먹기 놀이를 가르쳐 주셨어요.

반디는 땅을 갖게 되어 민들레꽃, 접시꽃, 할미꽃을 심어놓고 친구들을 기다렸어요.

친구들아 내 땅으로 놀러와!

땅에 꽃씨를 뿌렸더니 꽃들이 피었어요.

땅에 사과 씨를 뿌렸더니 사과가 열렸어요.

땅에 사랑 씨앗을 뿌렸더니 기쁨의 열매가 열렸어요.

▶ 동요

♣ 놀이를 마무리하며

어렸을 때 동네에서 돌(망)을 튕기며 땅따먹기 했던 기억이 있다. 돌을 튕겨서 세 번 만에 집으로 돌아와야 하므로, 거리를 잘 예측하고 손가락 힘을 잘 조절해서 튕겨야 한다. 따라서 소근육 발달, 손과 눈의 협응, 공간개념 이해, 거리개념 이해, 손가락 힘의 조절 능력 등 땅따먹기에 필요한 기술들은 유아들의 신체발달, 인지발달에 좋은 영향을 미친다. 저자의 경험으로 보면 7세 정도가 되어야 땅따먹기 게임을 자유자재로 즐기며 할 수 있다. 유아들은 땅을 많이 확보하기 위해 다양한 방법으로 생각하고, 시도하며 게임을 즐긴다. 그리고 성공하면 너무도 행복해하며 성취감을 느낀다. 그러고 보면 유아들을 행복하게 하는 것은 별게 아니다. 유아들을 놀게 하면 유아들은 자연스럽게 행복해진다.

95 낙엽아 날아보렴 (연날리기)

1. 준비물
낙엽, 나무막대, 마 끈, 색연필

2. 놀이방법
① 큰 낙엽을 예쁘게 색칠한다.
② 막대에 끈을 묶어 색칠한 낙엽을 달아준다.
③ 낙엽 연을 높이 날려본다.
④ 낙엽 연을 가지고 씽씽 달려본다.
⑤ 낙엽 연을 뱅뱅 돌려본다.
⑥ 낙엽 연에 내 꿈을 실어 놀아본다.

3. 지원활동

▶ 놀이이야기

할아버지 댁 ,넓은 마당에는 큰 나무가 있어요.

가을이 되니 낙엽이 떨어져 넓은 마당에 고운 낙엽이 수북하게 쌓여있었어요.

아빠는 방에서 텔레비전을 보고 있는 반디에게 아빠 어렸을 때는 높은 산으로 넓은

들판으로 뛰어다니며 친구들과 어울려 놀았다고 하시며, 밖에 나가서 놀라고 하셨어요.

밖으로 나오니 마당의 낙엽들이 바람에 하늘하늘 날리며 놀자고 하네요.

반디는 낙엽을 끈으로 묶어 날려보고, 불어보고, 돌려보며 놀았어요.

바람 타고 올라가는 낙엽이 꼭 연 같았어요.

낙엽아 높이 높이 올라가

햇님도 만나렴!

낙엽아 높이 높이 올라가

구름도 만나렴!

낙엽아 햇님에게 구름에게 친구 하자 말해주렴!

▶ 동요

♣ 놀이를 마무리하며

나뭇잎을 연처럼 줄에 매달아서 나뭇잎 연날리기를 하면, 유아들은 연줄을 잡고 바람을 가르며 한없이 뛰어다닌다. 그래서 저자는 낙엽 중에 커다란 낙엽을 연날리기용으로 따로 구분하여 모아놓는다. 유아들은 다른 친구들의 낙엽 연과 구분하기 위해, 또는 낙엽 연을 예쁘게 꾸미기 위해 낙엽에 색칠을 하여 자기의 것이라는 표시를 해둔다. 낙엽 연은 가을바람을 타고 살랑살랑 잘 날아서 유아들이 낙엽 연날리기를 매우 좋아한다. 가을, 바람, 낙엽… 가을의 바람을 느끼며 낙엽을 날리는 낙엽 연날리기는 가을을 생각나게 하는 놀이이다.

96 밤에 활동하는 부엉이

1. 준비물

낙엽, 나뭇가지, 들풀, 꽃

2. 놀이방법

① 부엉이에 대하여 이야기 나눈다.

② 낙엽, 나뭇가지, 들풀, 꽃으로 부엉이 가족이나 친구들을 만들어본다.

③ 부엉이 역할을 각자 맡아 놀아보며, 모두 건강하고 부자 되기를 바라본다.

3. 지원활동

▶ 놀이이야기

낮에 놀던 햇님이 쿨쿨 잠들고

달님 별님 밤하늘에 반짝반짝 거릴 때

부엉이가 건강하라고 부엉부엉

부엉이가 똑똑하라고 부엉부엉

부엉이가 부자되라고 부엉부엉

부엉이가 부엉부엉 울고있어요.

해리포터의 마법세계에서는 부엉이가 새로운 일이 시작될 때, 중요한 일을 했을 때

소식을 전해주었대요.

부엉이는 먹이를 닥치는 대로 물어다가 쌓아두는 습성이 있어 부자를 상징한대요.

지금도 부엉이는 까만 밤 숲속에서

부엉부엉 울면서 우리에게 인사하고 있겠죠.

▶ 동요

부엉아 밤에 뭐하니

동요

반주

♣ 놀이를 마무리하며

늦가을, 낙엽이 떨어져 지천에 깔려있을 때 저자는 부지런히 낙엽들을 모은다. 낙엽으로 할 수 있는 놀이들이 너무 많기 때문이다. 그래서 알록달록 다양한 낙엽들을 모아두면 배가 부르고 행복해진다. 낙엽으로 하는 활동 중 가장 쉽게 많이 하는 활동은 낙엽을 꾸며서 동물을 만드는 놀이이다. 다양한 색, 다양한 모양의 나뭇잎을 조합하여 유아들은 각양각색의 다양한 동물들을 만들어낸다. 이번에는 유아들과 낙엽으로 부엉이를 만들어 보았다. 역시 유아들은 기대를 저버리지 않고 낙엽 부엉이를 멋지게 만들었다. 유아들은 이제 내일부터는 낙엽 부엉이 가족들을 가지고 역할놀이를 할 것이다.

97 솔방울로 놀아요(죽방울놀이)

1. 준비물

나뭇가지, 솔방울, 큰 낙엽, 마 끈

2. 놀이방법

① 나뭇가지에 큰 낙엽을 끈으로 묶고, 솔방울도 끈으로 묶는다.

② 나무막대를 잡고 휙휙 쳐올려 솔방울이 낙엽 위에 떨어지게 한다.

③ 낙엽 위에 솔방울을 놓고 통통 튕겨본다.

▶ 놀이이야기

반디는 날씨가 쌀쌀해서 움직이기 싫었어요.

할아버지는 추워도 움직이며 놀아야 건강하게 자란다고 솔방울로 죽방울놀이를 하자고 하셨어요. 할아버지댁 뒷산에 큰 소나무가 있는데 소나무 아래 솔방울이 많이 있었거든요. 죽방울 전래놀이는 할아버지가 옛날에 친구들과 놀았던 추억놀이랍니다.

할아버지는 막대기에 큰 낙엽을 끈으로 묶고, 솔방울도 끈으로 묶어서 막대기를 잡고 휙휙 흔들어 솔방울을 나뭇잎 위에 올려놓고 공중에서 통통 튕겼어요.

반디도 솔방울을 공중으로 통통 튕기면서 따라 했어요.

처음에는 균형을 잡기가 힘들었지만, 재미있게 놀았어요.

반디도 어른이 되면 멋진 추억의 놀이로 생각날 거라고 할아버지께서 말씀하셨어요.

반디는 잠을 자는데도 자꾸 죽방울 놀이가 생각났어요.

▶ 동요

동요

솔방울놀이

반주

♣ 놀이를 마무리하며

솔방울은 자연물 중에서 유아들 놀이에 쓰임이 많은 열매 중의 하나이다. 솔방울에 색칠하여 가랜드, 리스, 모빌 등을 만들 수 있고, 솔방울 모으기, 던지기, 맞추기, 돌리기 등의 놀이도 할 수 있다. 그래서 유아들과 숲으로 체험활동을 가면 유아들의 미술재료로, 유아들의 놀잇감으로 사용되는 솔방울을 주워서 모아온다. 유아들은 직접 주워 온 솔방울을 소중히 간직하고 보관하여 놀이에 사용하기도 하고, 친구들을 빌려주기도 한다. 유아들은 자신들이 모아온 나뭇잎, 솔방울 등을 소중히 여기고 그것을 활용하여 놀이하는 것을 좋아한다. 그래서 매해 우리는 솔방울을 주우러, 나뭇잎을 주우러 숲으로, 공원으로 향한다.

98 씨앗으로 놀아요(윷놀이)

1. 준비물
큰 씨앗, 작은 씨앗, 윷판, 에나멜

2. 놀이방법
① 복숭아씨앗 크기 정도 큰 씨앗을 10개 준비하여 씨앗 한쪽을 좋아하는 색깔로 칠한다. (매니큐어 또는 에나멜)
② 점수를 나타낼 작은 씨앗(자두 씨, 콩알, 작은 나무토막) 50개를 준비한다.
③ 편을 갈라 교대로 10개의 복숭아 씨앗(큰 씨앗)을 던져 색깔 있는 씨앗이 몇 개 나왔는지 세어 보고, 나온 만큼 작은 씨앗을 가져간다.
④ 한가운데 모아둔 작은 씨앗이 모두 없어지면, 많이 가져간 팀이 이긴다.

⑤ 반쪽을 색칠한 씨앗 4개로 윷놀이를 해본다.

 * 씨앗 주머니를 만들어서 가지고 다니면서 어디에서나 놀이할 수 있다.

3. 지원활동

▶ 놀이이야기

반디는 화분에 봉숭화꽃 씨앗을 심어서 햇빛이 잘 드는 창틀에 놓았어요.

씨앗을 심고, 물도 주고, 이야기도 주고받고, 노래도 불러주었어요.

얼마 후 흙 속에서 초록빛 싹이 나왔어요.

싹이 자라서, 잎이 나고, 봉숭아꽃이 피었어요.

새들도 나비도 꽃을 보며 반가워했어요.

반디는 씨앗을 씨앗 주머니에 넣어 두었다가

친구들과 씨앗으로 놀이를 했어요.

씨앗을 던져서 가져오기도 했고, 씨앗을 던져서 윷놀이도 했어요.

▶ 동요

동요

씨앗을 심어요

봄봄 이 오 면 열채 매소 씨 앗 심 어 주 었 죠

싹 이 트 고 떡떡 – 잎 이 나 왔 지 요

두 근 두 근 설설 – 레레 며 기 다 렸렸 더 니

오 이 고 상추 추 깻잎 토 쑥 – 마 토갓 이 열열 – 렸렸 네 요

반주

♣ 놀이를 마무리하며

식물마다 씨앗이 크기나 모양이 다르다. 참 다양한 씨앗들이 있다. 봄에 씨앗을 심어서 싹을 틔우기도 하지만, 다양한 모양과 크기의 씨앗들을 가지고 놀이를 하기도 한다. 그래서 반디는 과일의 씨앗을 모은다. 복숭아, 자두, 단감 등의 씨는 잘 씻어서 말리고, 해바라기, 강낭콩, 봉숭아, 그리고 각종 채소의 씨를 모아서 분류하기, 씨앗 꼴라쥬 등의 활동을 하기도 하고 씨앗 모으기 놀이, 씨앗 윷놀이, 씨앗 공기놀이를 하기도 한다. 반디는 해마다 올해는 어떠한 씨앗으로 놀이할까 고민한다. 행복한 고민이다.

99 톡톡톡 요술봉

1. 준비물

자연물, 나무막대, 지끈

2. 놀이방법

① 낙엽, 풀잎, 꽃잎, 열매를 준비한다.

② 나무막대에 자연물을 지끈으로 묶어 요술봉을 만든다.

③ 요술봉을 한 손에 들고 하늘을 향해, 들판을 향해 휘두르며 소원을 말한다.

④ 다 같이 요술봉을 모아서 큰소리로 소원을 외쳐본다.

3. 지원활동

▶ 놀이이야기

나무들이 즐겁게 노래하는 어느 가을날

반디벨요정은 곱게 물든 낙엽, 예쁜 꽃, 싱그러운 풀잎, 빨간색 열매를 준비해서 친구들을 찾아갔어요. 친구들에게 요술봉을 선물해 주고 싶었거든요.

반디벨요정과 친구들은 낙엽 요술봉, 꽃잎 요술봉, 풀잎 요술봉, 열매 요술봉을 만들었어요.

반디벨요정과 친구들은 요술봉을 휘둘렀어요.

친구들 아프지 말고 건강하길 뿅뿅뿅!

가족은 서로서로 꼭 안아주세요 뿅뿅뿅 !!!

모든 사람들 행복하세요 뿅뿅뿅 !!!

친구들 소원이 다 이루어지길 뿅뿅뿅!!!

빛나는 요술봉! 사랑의 향기로 가득 채워줄 거예요.

▶ 동요

동요

뿅 뿅 뿅 요술봉

반주

♣ 놀이를 마무리하며

'요술'은 유아들만의 특권인 상상의 세계에서 자주 사용되는 놀이 소재이다. 무엇이든 이루어질 수 있는 요술봉은 유아들의 판타지를 충족시켜 주기에 충분하여 유아들을 행복하게 만들어준다. 실제로 요술봉을 만들 때 유아들은 기대에 가득 차 있다. 신문지를 이용해서 요술봉을 만들 때도 그랬고, 플라스틱 막대 요술봉을 꾸밀 때로 그랬다. 이 막대기(요술봉)는 어떤 소원을 이루어줄까, 이 막대기로 어떠한 판타지를 충족할 수 있을까, 기대에 가득 차 요술봉을 만들고 놀이했던 유아들의 모습이 떠오른다. 이번에는 낙엽, 꽃, 풀잎, 열매 등 자연물을 가지고 요술봉을 만들었다. 자연물로 요술봉을 만드니, 유아들의 마음이 더욱 넉넉해지고 따뜻해진 것 같다. "친구들 아프지 않게 해주세요.", "우리아빠, 엄마 행복하게 해주세요…." 자연물 요술봉의 소원 내용이다. 이것이 바로 자연물, 아니 자연의 힘이 아닌가 하는 생각을 해본다.

100 향기 나는 부채 만들기

1. 준비물

두꺼운 골판지, 목공풀, 나뭇가지, 꽃잎, 풀잎

2. 놀이방법

① 두꺼운 종이를 동그라미 네모 모양을 만든다.

② 동그라미 네모 모양에 나뭇가지로 손잡이를 만든다.

③ 부채 모양에 목공풀로 풀잎 꽃잎을 붙인다.

④ 단오에는 부채를 만들어 선물해본다.

3. 지원활동

▶ 놀이이야기

　예쁜 꽃들이 떨어지고 작은 열매가 맺히는 5월이면 반디는 시골 할아버지댁에 모내기를 하러 갔어요. 할아버지댁 꽃밭에 병꽃이 피어있는데 옛날에는 병꽃이 피면 모내기를 할 때구나, 알게되었다고 하셨어요. 그리고 모내기를 끝내고 풍년을 바라는 마음으로 전통적인 단오행사를 했는데 창포물에 머리도 감고 부채를 선물하기도 했다, 하셨어요. 반디는 언니랑 뒷산에 올라가 아카시아, 라일락, 밤꽃 향기가 가득한 향기 나는 부채를 만들어 부모님께 선물하기로 했어요. 아빠, 엄마 무더운 여름 향기부채로 시원하게 보내셔요.

　아카시아 부채는 아카시아 향이 솔솔~~ 머리가 맑아져요

　라일락 향기 부채는 라일락 향기가 솔솔~~ 아름다운 세상이 보여요

　밤꽃 부채는 밤꽃 향기가 솔솔~~ 밤하늘에 수많은 별이 보여요.

▶ 동요

부채바람

♣ 놀이를 마무리하며

유아들에게 오감을 통한 감각적 경험은 유아 특유의 호기심과 흥미를 자아내며 감각의 경험에 몰입하게 만든다. 특히 유아들은 향기에 민감하며 좋은 향기를 맡으면 그 느낌을 감정으로, 말로, 행동으로 표현하기를 즐긴다. 향기부채를 만든 뒤 유아들은 꽃이 말라서 향기가 없어질 때까지 부채를 흔들며 향기를 음미하였으며, 향기 맡을 때의 기분 좋은 느낌을 지속적으로 표현하였다. 유아에게 자연과의 경험만큼 훌륭한 감각적 경험은 없으며, 자연과의 경험은 유아들을 감동 자아내는 표현력 좋은 시인으로 만든다. "선생님, 부채를 흔들면, 꽃에서 선생님 냄새가 나요."